FUTURE FASHION
Innovative Materials and Technology

EL FUTURO DE LA MODA
Tecnología y nuevos materiales

FUTURE FASHION. Innovative Materials and Technology
EL FUTURO DE LA MODA. Tecnología y nuevos materiales

Original project: **maomao** publications
Editorial coordination: Anja Llorella Oriol
Editor and texts: Macarena San Martín
English translation: Cillero & de Motta
Art director: Emma Termes Parera
Layout: Maira Purman
Cover design: Emma Termes Parera
Cover image: Prose, © www.rafaelkroetz.de. Producer: Prose by Miriam Lehle
Back cover illustration: © Excubo jacket, Matthew Karl Gale
Copyright @ 2010 English/Spanish language edition by Promopress

PROMOPRESS is a brand of:
PROMOTORA DE PRENSA INTERNACIONAL SA
Ausiàs March, 124
08013 Barcelona, Spain
T: + 34 932 451 464
F: + 34 932 654 883
E-mail: info@promopress.es
www.promopress.info

First published in English and Spanish: 2010

ISBN 978-84-936408-8-0

Printed in Spain

FUTURE FASHION
Innovative Materials and Technology

EL FUTURO DE LA MODA
Tecnología y nuevos materiales

Macarena San Martín

**8 THE WORLD, FASHION AND CLOTHES EVOLVE
EL MUNDO, LA MODA Y LA ROPA EVOLUCIONAN**

**10 FABRICS AND MATERIALS
TELAS Y MATERIALES**

12 Angelina® Fibers / Fibras Angelina®
14 c_change™
16 coldblack®
19 NanoSphere®
22 Luminex® Fabric / Tela Luminex®
24 Outlast® Phase Change Materials / Materiales de cambio
       de fase Outlast®
28 Textro-Interconnects®
29 Textro-Yarns®
30 Tramacobre
33 3XDRY®
34 Interview with Michael Jänecke / Entrevista a Michael Jänecke

36 INNOVATIVE CONSTRUCTION PROCESSES
PROCESOS DE CONFECCIÓN INNOVADORES

38 BioCouture
40 Blowfish Dress / Vestido Blowfish
44 Chasing Rainbows
48 Chrysalis Dress / Vestido Chrysalis
52 Excubo Jacket / Chaqueta Excubo
56 Gluejeans
58 Golden Decay
62 Motion Response™ Sportswear / Ropa deportiva Motion Response™
66 News Knitter
70 Party Dress / Vestido de fiesta
72 Templates
76 The Fat Map Collection / Colección Fat Map
80 Slumber Shawl Collection, Architextile Collection /
   Colección Slumber Shawl, colección Architextile
84 The-T-Shirt-Issue
86 Trikoton Voice Knitting Collection / Colección Trikoton
   Voice Knitting
90 Interview with Ebru Kurbak / Entrevista a Ebru Kurbak

92 **ELEMENTS OUT OF CONTEXT**
ELEMENTOS FUERA DE CONTEXTO

94 3000 Needle Dress, 2000 Needle Top
96 A Costura do Invisível
100 A Million Bucks
102 ARTISANAL
106 bandaDErodadura
108 basics
112 Blank Page Collection / Colección Blank Page
114 Body, Skin and Hair Collection / Colección Body, Skin and Hair
116 Collars for the Modern Gentleman / Cuellos para el caballero moderno
120 CondomArt
124 Exploded View, Evolution
126 Haute Trash
128 Hottie Armor, Have a Nice Day
130 In No Time Collection / Colección In No Time
132 Ink Blot Test Collection / Colección Ink Blot Test
134 KIMONO DE PAPEL
138 Laser sintered dress / Vestido sinterizado por láser
140 Measure for Measure
142 OI
144 Paper Dress / Vestido de papel
146 Restarted Dress / Vestido Restarted
150 Second HairDo
152 Vinyl Handbag / Bolso de vinilo
154 Work in Progress
160 Interview with Vassilis Zidianakis / Entrevista a Vassilis Zidianakis

**164 TECHNOLOGY FOR YOUR BODY
TECNOLOGÍA PARA TU CUERPO**

166 Accouphène
168 BrightBlack
170 Compass Coat / Chaqueta Compass
172 Embrace-Me
174 Fendi Ghetto Blaster
176 Firefly Dress & Necklace / Vestido y collar Firefly
178 Flare
180 Frisson
182 GalaxyDress
184 Intimate Controllers
188 Jacket Antics / Cazadora Antics
190 Klight
192 LilyPad Arduino
194 Módulo FV Jacket / Chaqueta Módulo FV
196 MP3 Music T-shirts / Camisetas con música MP3
200 Noon Solar
202 ok2touch
204 Outsourcing
206 Over_All
208 Peau d'Âne (Sky Dress, Sun Dress & Moon Dress)
212 Shift
214 SKIN: Dresses / SKIN: Vestidos
216 SKORPIONS
220 Solar Changing Prints / Estampados que cambian con la luz del sol
222 Solar JKT
224 Solar Vintage
228 Space Dress
230 TapTap
232 Touchpad Jacket / Chaqueta Touchpad
234 Wearable Absence
236 whiSpiral
238 Interview with Bruce Thomas / Entrevista a Bruce Thomas

THE WORLD, FASHION AND CLOTHES EVOLVE

EL MUNDO, LA MODA Y LA ROPA EVOLUCIONAN

Man has always researched and exploited the resources available to them to improve and develop their clothing. A real milestone was reached in the 1950s when hi-tech technology was incorporated into clothing to make it safe to go into space. Half a century later, the list of developments in the field of textiles is never-ending.

This book compiles a series of these developments, classified by themes: the latest developments in fabrics and materials, the most novel and innovative processes used to manufacture clothing, the increased recycling of waste, and materials in general, which arises mainly from the current environmental concerns, and, of course, the technology applied to fashion and "intelligent clothing."

El hombre siempre ha investigado y aprovechado los recursos que ha tenido a su alcance para lograr mejoras y avances en su vestimenta. Un verdadero hito fue conseguir incorporar en los años cincuenta tecnología punta en el atuendo para que fuera apto para ir al espacio. Medio siglo después, el listado de novedades en el campo textil es enorme.

Las páginas de este libro recopilan una selección de estas novedades clasificadas por temas: los desarrollos más recientes en telas y materiales, los procesos más innovadores con que se confeccionan algunas prendas, la creciente reutilización de los residuos y los materiales en general (nacida de la actual preocupación por el medio ambiente), y, por supuesto, la tecnología aplicada a la moda y la «ropa inteligente».

Since the late 19th century, when synthetic fibers were used to make textiles, the range of choice has grown exponentially. Focusing on human needs (and whims), we now have fabrics that react efficiently to changes in temperature or those that emit light or are capable of feeding an electronic circuit.

Desde que a finales del siglo xix comenzaron a utilizarse en la industria textil, el abanico de la fibras sintéticas ha crecido de manera exponencial. Orientadas a cubrir las necesidades de las personas (y sus caprichos), hoy es posible encontrar desde telas que reaccionan a los cambios de tiempo o de temperatura hasta tejidos que emiten luz o son capaces de alimentar un circuito electrónico.

FABRICS AND MATERIALS
TELAS Y MATERIALES

Meadowbrook Inventions Inc.

www.meadowbrookinventions.com

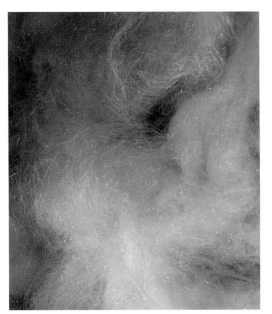

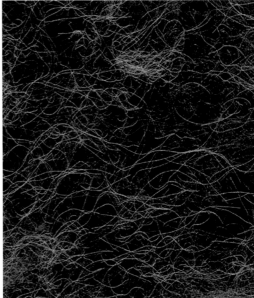

Angelina® Fibers

Light is a factor rich in contrasts, brightness, color, and poetry, which forces some designers to incorporate new dimensions, discoveries, experimental technology and luminosity into amazing textiles.

Angelina® fibers complement this trend with a profound interest in obtaining novel luxury products which are soft to the touch. They are very thin fibers that can either be natural—dyed metallic or iridescent colors—or metal, such as aluminum or copper, which are spun with wool, cashmere, mohair, or in small quantities with rayon and cotton for yarn and circular fabric. The soft colors are reminiscent of sparkling champagne, the brightness of synthetic acids or the luster of perfectly polished metal.

Fibras Angelina®

La luz es un factor rico en contrastes, brillos, colores y poesía, que provoca en algunos diseñadores la necesidad de incorporar en asombrosos textiles nuevas dimensiones, descubrimientos, tecnología experimental y luminosidad.

Las fibras Angelina® complementan esta tendencia con un profundo interés por obtener novedosos productos de lujo suaves al tacto. Son fibras muy delgadas que bien pueden ser naturales —tintadas de colores metalizados o tornasol— o procedentes de algún metal, como aluminio o cobre, que se hilan con lana, cachemira o moer, o en pequeñas cantidades con rayón y algodón para hilado y tejido circular. Sus colores suaves dan la apariencia de burbujeante champaña, el brillo de ácidos sintéticos o el lustre de los metales perfectamente pulidos.

Schoeller Textiles AG

www.c-change.ch

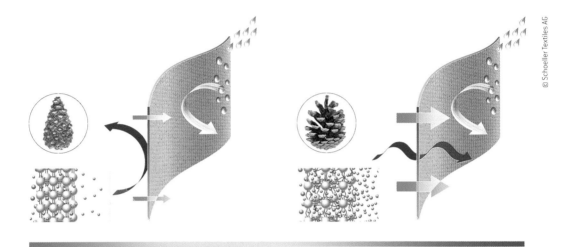

c_change™

The dynamism of the system is what makes the new membrane technology by Schoeller® unique and sets it apart from conventional technologies: while others react statically to changes in temperature, c_change ™ adapts to them. This principle is inspired by nature, more specifically, the way a pine cone opens and closes in response to different weather conditions.

When c_change™ detects an increase in temperature or level of activity, flexible polymer structures that form this hydrophilic membrane open, allowing moisture vapor to be released quickly. On the contrary, when the body produces less heat—whether due to lower temperatures or a decrease in the level of activity—the structure shrinks, retaining it.

Lo que hace que la nueva membrana tecnológica de Schoeller® sea única y se diferencie de las convencionales es el dinamismo de su sistema: mientras que las demás reaccionan de forma estática a los cambios de temperatura, c_change™ se adapta a ellos. Este principio está inspirado en la naturaleza, más concretamente en la manera en que las piñas de los pinos se abren y se cierran con el calor y el frío.

Cuando c_change™ percibe una mayor temperatura o un mayor grado de actividad, las estructuras flexibles de polímeros que componen esta membrana hidrófila se abren y permiten que el vapor de la humedad se libere rápidamente. Por el contrario, cuando el cuerpo produce menos calor —ya sea por un descenso de la temperatura o por una disminución de la actividad—, la estructura se contrae y lo retiene.

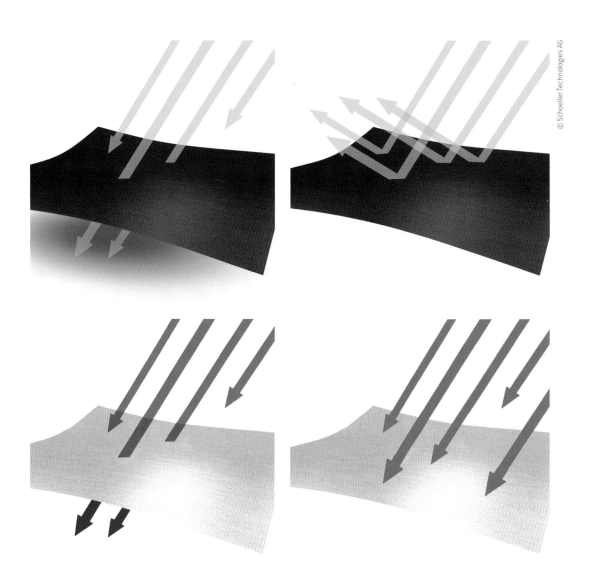

coldblack®

Light colored fabric reflects both the visible and invisible elements of the sun's rays. This means that it reflects not only light but also heat. On the other hand, dark fabrics absorb both types of radiation and therefore heat. Coldblack® is a special finishing technology for textiles that reduces this heat build-up. They reflect heat without affecting the look or feel of the final product. In addition, it guarantees a minimum UV protection of UPF 30 (ultraviolet protection factor) for all colors and types of textiles, thus preventing the release of aggressive oxygen molecules that can cause sunburn or, in the long term, a melanoma.

Los tejidos claros reflejan tanto la radiación visible como la no visible de los rayos del sol. Esto significa que reflejan no sólo la luz, sino también el calor. Por el contrario, los tejidos oscuros absorben ambos tipos de radiación y, por tanto, el calor. Coldblack® es una tecnología de tratamiento especial de tejidos que reduce el calor sin influir ni en el tacto ni en el aspecto del producto final. Además, protege de forma fiable frente a la radiación UV, ya que garantiza un FPU 30 (factor de protección ultravioleta) como mínimo para todos los colores y tipos de tejido, evitando de esta manera que se liberen moléculas de oxígeno agresivas que puedan provocar quemaduras solares o, a largo plazo, la formación de un melanoma.

coldblack

thoni mara

Schoeller Technologies AG

www.nano-sphere.ch

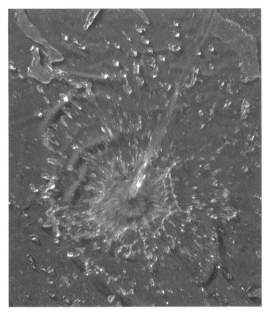

NanoSphere®

The leaves of certain plants are so finely structured their surfaces are always clean, as dirt cannot stick to them and it is easily removed by rain. This natural anti-stick and self-cleaning process can be applied to textile surfaces thanks to nanotechnology, and is known as NanoSphere®.

The nanoparticles form a fine rugged structure on the surface of the fabric, so that droplets of substances such as oil or tomato sauce have a smaller contact area than on smooth textiles and they simply slide off (you can see the comparison in the two top images on the next page). Any stain that manages to stick to the fabric can be removed easily with a little water.

Ciertas plantas tienen sus hojas finamente estructuradas, y por ello su superficie siempre está limpia, ya que la suciedad no se puede adherir y se elimina fácilmente con la lluvia. Este proceso natural antiadherente y de autolimpieza se puede transmitir a las superficies textiles gracias a la nanotecnología y a un acabado denominado NanoSphere®.

Sus nanopartículas forman una fina estructura rugosa en la superficie de la tela, por lo que las gotas de sustancias como el aceite o la salsa de tomate tienen una menor superficie de contacto que en los textiles lisos y resbalan (se puede ver la comparación en las dos ilustraciones superiores de la página siguiente). Los residuos que pudieran llegar a quedar se eliminan fácilmente con un poco de agua.

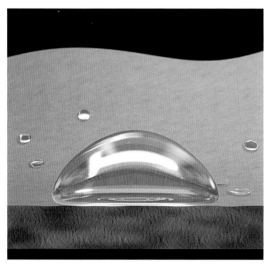
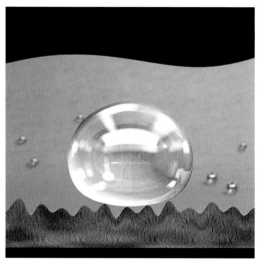
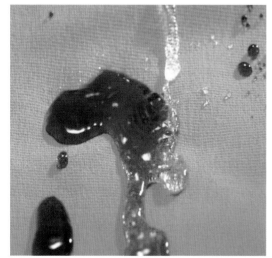

Luminex SpA

www.luminex.it

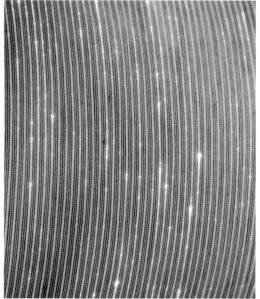

Luminex® Fabric

Luminex® is an innovative fabric capable of emitting light through an electrical LED system. These light emitting diodes are available in five different colors: white, yellow, red, blue and green, and can be used alone or combined, creating a wealth of possible color schemes.

The fabric can be electrically powered in two ways, depending on the end use. When it is used for immobile objects, such as a curtain, it can be connected to the power supply, as the plug is not a problem. Luminex® can also be used for wireless objects, such as clothing, and either 3.6 V or 9 V rechargeable batteries can be used.

Tela Luminex®

Luminex® es una innovadora tela capaz de emitir luz propia mediante un sistema eléctrico a base de LED. Estos diodos emisores de luz pueden ser de cinco colores diferentes —blanco, amarillo, rojo, azul y verde—, y pueden usarse solos o combinados, creando una inmensidad de posibles juegos cromáticos.

La tela puede alimentarse eléctricamente de dos maneras, dependiendo del uso que se le desee dar. Cuando Luminex® se aplica en objetos que permanecen fijos en un lugar, como una cortina, puede conectarse a la corriente, ya que el enchufe no molesta. Por el contrario, cuando se utiliza en objetos que exigen autonomía y libertad de movimientos, como la ropa, se usan pilas recargables de 3,6 V y 9 V.

Outlast Technologies, Inc.

www.outlast.com

How Outlast® Adaptive Comfort® works

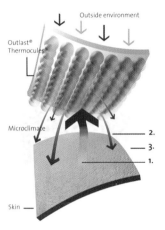

Outside environment

Outlast®
Thermocules

Microclimate

Skin

2.
3.
1.

1.
Outlast®
Thermocules®
absorb the
excess heat.

2.
Stored heat is
released to the
body as needed.

3.
The result
is a constant
microclimate.

Outlast® Phase Change Materials

Outlast® Adaptive Comfort® fabrics, fibers, and foams work to balance your temperature and humidity level, regardless of the environment or the level of activity.

They use a technology called PCM (phase change material), which was used for the first time in space suits to protect astronauts from extreme fluctuations between the freezing cold and scorching hot conditions in space. The laws of thermodynamics explain how it works: when the body temperature rises, this material absorbs excess heat and distributes it throughout the surface. When it goes down again, this heat is released, maintaining thermal equilibrium.

Materiales de cambio de fase Outlast®

Las telas, fibras o espumas Outlast® Adaptive Comfort® mantienen la temperatura y el grado de humedad del cuerpo en su punto ideal, independientemente del entorno y de la intensidad de la actividad que realice quien las usa.

Emplean una tecnología llamada PCM (las siglas en inglés de *phase change material*, que significa «materiales de cambio de fase»), que se utilizó por primera vez en los trajes espaciales de los astronautas para protegerlos de las extremas fluctuaciones entre el frío glacial y el calor abrasador a las que se enfrentan en el espacio. Las leyes de la termodinámica explican su funcionamiento: cuando la temperatura corporal sube, el material absorbe el exceso de calor y lo distribuye por todo el cuerpo; cuando vuelve a bajar, ese calor se libera, manteniendo, así, el equilibrio térmico.

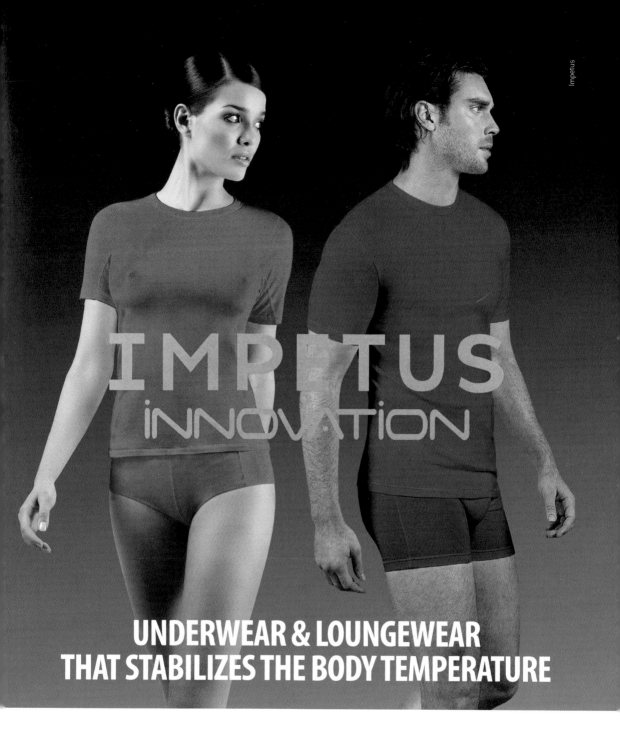

IMPETUS
INNOVATION

UNDERWEAR & LOUNGEWEAR
THAT STABILIZES THE BODY TEMPERATURE

Textronics

www.textronicsinc.com

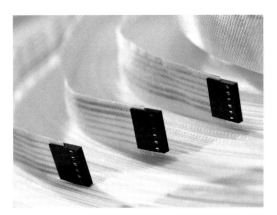

Textro-Interconnects®

When an electric conductor has to be incorporated into a textile, it is best to use an elastic conductor. However, it is often necessary to combine several electronic components to create a larger and more functional piece of hardware, and the simplest and cheapest way to do so should be sought. Textro-Interconnects®, an elastic, flat cable that transmits electrical power and can support a wide range of variants, is the solution.

This interconnector can conduct electricity, audio signals and electronic pulses through the embedded multiple conductors. Unlike other rigid structures, the elastic and flexible substrate used to create the electric circuit is easily incorporated into the textiles.

Cuando se debe incorporar una vía conductora de electricidad en un tejido, lo mejor es usar un hilo conductor elástico. Sin embargo, muchas veces hay que combinar múltiples componentes electrónicos para crear un *hardware* más grande y funcional, y se debe buscar la manera más sencilla y económica de hacerlo. La solución es Textro-Interconnects®, un cable plano y elástico que transmite la corriente eléctrica y puede admitir un amplio conjunto de variantes.

Este interconector puede propagar corriente, señales de audio y pulsaciones electrónicas mediante las múltiples vías conductoras que tiene integradas. A diferencia de otras estructuras rígidas, el sustrato elástico y flexible que aquí se usa para crear el circuito eléctrico destaca por la facilidad para incorporarlo en las telas.

Textro-Yarns®

By inventing a new yarn structure, Textronics has solved many of the problems associated with using wires and plated yarns in textiles. One of the most serious problems is that wires that are fine enough to not damage the textile are not durable enough to withstand elongation stresses normally encountered during textile manufacturing or use.

Textro-Yarns® combines conductive material with Lycra® fibers in a single yarn and has been proven by standard industry stretching and bending tests to maintain their properties beyond 25,000 cycles. This guarantees its electrical functionality throughout the knitting and weaving process (no need for special equipment) without losing either the look or feel of the textiles.

Al inventar una nueva estructura de hilo, Textronics ha resuelto muchos de los problemas asociados al uso de tejidos de cables e hilos recubiertos de metal. Uno de los más graves es que tanto los cables como los hilos recubiertos que son lo bastante finos como para no deformar la tela no son lo suficientemente fuertes para soportar el proceso de hilado y el posterior uso.

Textro-Yarns® combina material conductor con fibras de licra en un solo hilo, y se ha comprobado en las pruebas estándares de estiramiento y curvatura que resiste más de 25.000 ciclos. Esto asegura su funcionalidad eléctrica en todo el proceso de hilado y tejido sin necesidad de una maquinaria especial, y sin perder ni el aspecto ni el tacto normal de los géneros.

Andrea Carvacho Wilke

www.tramacobre.cl

Tramacobre

Copper is the main raw material in Chile, the largest exporter in the world of this metal. The designer Andrea Carvacho Wilke also exports the mineral, though she does it in a much more delicate and elegant way: through weaves made with strands of copper.

The textiles are made by the ancient technique of weaving, that she learned with natives from different parts of her country. She uses copper strands as warp—the main element—and silk threads of various tones as weft. This allows her to play with both the colors and the thickness of the fabric (the denser the yarns in the loom, the thicker the fabric), which can be used for clothing, fine jewelry, decorating or as a work of art in itself.

El cobre es la principal materia prima de Chile, el mayor exportador del mundo de este metal. A su manera, la diseñadora Andrea Carvacho Wilke también es una exportadora, aunque ella lo hace de una forma mucho más delicada y elegante: a través de tramas creadas con filamentos de este mineral.

Elabora los tejidos con la milenaria técnica del telar, que aprendió con los indígenas de distintas partes de su largo país. Utiliza los filamentos de cobre como urdimbre —el elemento principal— e hilos de seda de diversas tonalidades como trama. Esto le permite jugar tanto con el colorido como con el grosor del tejido (cuanto más densos se tejan los hilos en el telar, más gruesa será la tela), que puede usarse para vestuario, alta joyería, decoración o como una obra de arte en sí misma.

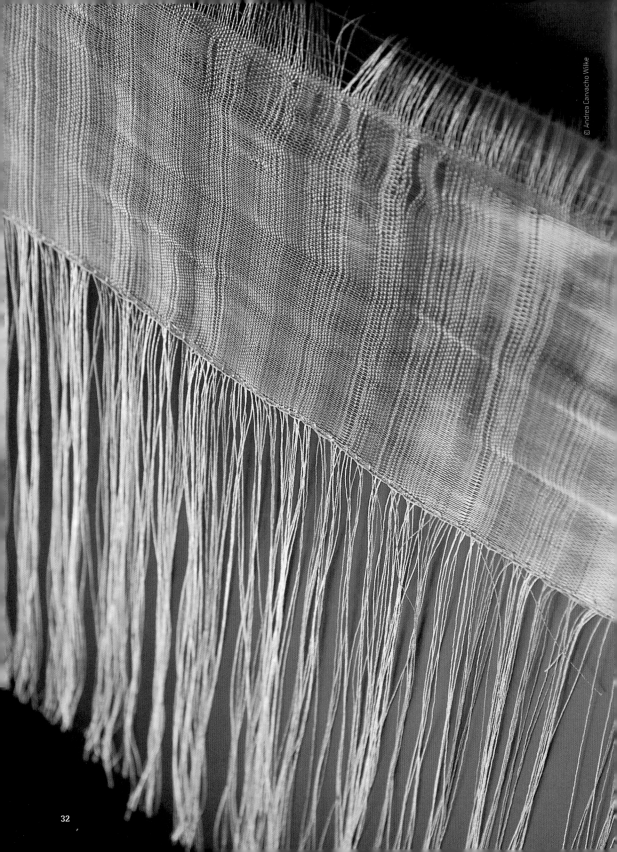

Schoeller Technologies AG

www.3xdry.com

3XDRY®

3XDRY® is a treatment that can be applied to any type of textile—whether they are natural fibers, such as cotton, or synthetic—and it keeps them dry both on the outside and on the inside, in spite of the atmospheric or body humidity. It does not affect the look or feel, so it works for both male and female fashion, and for sports or work wear.

The outside of the fabric repels moisture, while the inside quickly absorbs moisture from perspiration, spreading it over the surface area of the fabric. This way, it is evaporated immediately and the fabric dries considerably faster than those that do not have this technology, allowing the skin to breathe.

3XDRY® es un tratamiento que se puede aplicar a todo tipo de tejidos —ya sean naturales, como el algodón, o sintéticos— y que los mantiene secos tanto por fuera como por dentro, a pesar de la humedad ambiental o corporal. No afecta ni a la apariencia ni al tacto, por lo que puede emplearse tanto en la moda femenina y masculina como en la ropa deportiva o de trabajo.

Con este acabado, el lado exterior de la tela repele la humedad ambiental, mientras que el interior absorbe rápidamente la humedad resultante de la transpiración y la distribuye por toda la superficie de la tela, consiguiendo que se evapore rápidamente, por lo que la tela se seca considerablemente antes que aquellas que no cuentan con esta tecnología y permite que la piel respire.

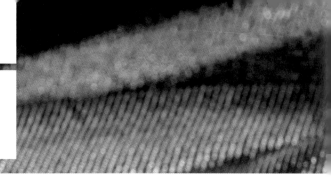

Michael Jänecke
Techtextil director and brand manager
Director y jefe de marca de Techtextil

Michael Jänecke is a graduate in business management and was trained in a textile production company. In October 1992 he became the director of Techtextil, the world's largest and most successful trade fair for technical textiles and nonwovens, held at Messe Frankfurt, which represents the entire value chain of the industry. With six locations worldwide at present, he is the global director since 1997 and the brand manager since 2007. He is also responsible for the innovative apparel textiles symposium Avantex, which was integrated in Techtextil in 2009.

What is Techtextil?

Techtextil is the leading international trade fair for technical textiles and nonwovens. The complete global market and production chain of technical textiles are showcased at the most important forum for the industry. It's a place to discover new materials and innovative concepts.

Why do you consider it important to include innovative apparel textiles in 2010?

Given that product developments in the field of technical textiles are often accompanied by those in the field of apparel textiles and vice versa, to include innovative apparel textiles in Techtextil means making better use of the information and technology transfers in the industry. The Techtextil show will thus broaden its original purpose and strong concept of gathering innovative technical textiles producers and manufactures and making new technologies visible at a very early marketing stage to buyers out of Techtextil's twelve areas of application from Agrotech to Sporttech.

What is your opinion about integrating innovative technologies and materials into cloth and apparel?

Integrating innovative technologies and materials into cloth and apparel is one of the key developments and challenges for the industry, thus, bringing a wealth of convenience to the consumer and making the consumer more aware of the fact that fashion is not limited to color, shape and size.

Outdoor sports and new leisure activities raise the demand for new apparel fabrics that breathe, help regulate body temperature and transpiration, that are waterproof, scented, UV-resistant and performance enhancing. In wearable technology, the integration of electronic devices into apparel fabrics includes iPods and mobile phones.

Other important areas of activity are healthcare and protective work wear. Clothing integrated with sensors, electronics and mobile energy help with care, diagnosis and therapy of patients. Apparel fabrics with health monitoring systems, medication delivery and skin care applications can lead to increased mobility and well-being.

Apparel fabrics with dynamic thermal protection, task-fitted, functional clothing for weather protection and flame-resistant fabrics are also among the technologies that give "classic" clothing added value and supplementary use, thus broadening the consumer base and increasing sales opportunities. Many textile and clothing manufacturers consider innovative apparel textiles, intelligent textiles or smart clothing the key to their future.

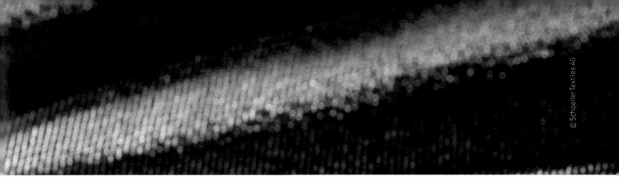

Michael Jänecke es licenciado en Gestión Empresarial y se ha formado profesionalmente en una empresa de producción textil. En octubre de 1992 pasó a ocupar el puesto de director de Techtextil, la feria comercial más grande y con más éxito del mundo en el sector de los tejidos técnicos y los géneros no tejidos, que se celebra en Fráncfort y que representa la cadena de valor de la industria al completo. Desde 1997 ocupa el puesto de director internacional, y desde 2007 también el de jefe de marca, que en la actualidad está presente en seis lugares del mundo. También está al frente de Avantex, simposio de tejidos de ropa innovadores que se integró en la Techtextil en 2009.

¿Qué es Techtextil?

Techtextil es la feria comercial líder internacional en el sector de los tejidos técnicos y los géneros no tejidos. La cadena de producción y el mercado internacional de tejidos técnicos al completo se presentan en el foro más importante de la industria. Se trata de un lugar donde se pueden descubrir nuevos materiales y conceptos innovadores.

¿Por qué cree que es importante incluir tejidos innovadores de ropa en 2010?

Como los avances del producto en el ámbito de los tejidos técnicos suelen ir de la mano de los progresos en el ámbito de los tejidos de ropa, y viceversa, incluir estos tejidos innovadores en Techtextil es sinónimo de mejora en las transmisiones de información y tecnología en el sector. Así, la exposición de Techtextil ampliará su objetivo y su concepto iniciales, que son reunir a productores y fabricantes de tejidos técnicos innovadores y presentar a los compradores nuevas tecnologías en una fase de *marketing* inicial de los doce ámbitos de aplicación de Techtextil, desde Agrotech hasta Sporttech.

¿Qué opina de la integración de las tecnologías y los materiales innovadores en géneros y ropa?

La integración de tecnologías y materiales innovadores en tejidos y ropa es uno de los principales avances y retos del sector, que, de esta manera, ofrece mucha comodidad al consumidor. Al mismo tiempo, hace que éste sea más consciente de que la moda no se limita al color, la forma y la talla.

Los deportes que se practican al aire libre y las nuevas actividades de ocio han aumentado la demanda de nuevas telas que transpiren, ayuden a regular la temperatura corporal y el sudor, sean impermeables, huelan bien, resistan los rayos UV y mejoren el rendimiento. La tecnología «vestible» integra dispositivos electrónicos como iPods y teléfonos móviles en las telas.

Otros ámbitos importantes de actividad son el sanitario y el de la indumentaria laboral de protección. La ropa que integra sensores, dispositivos electrónicos y energía móvil ayuda en el diagnóstico y en el tratamiento. Las telas de ropa con sistemas de control sanitario, dosificación de la medicación y aplicación de tratamientos cutáneos pueden dar lugar a una mayor movilidad y bienestar.

Los géneros con protección térmica dinámica, la ropa funcional adaptada a la actividad y con capacidad para proteger de las condiciones atmosféricas adversas, así como los tejidos ignífugos, también se encuentran entre la tecnología que aporta a la ropa «clásica» un valor añadido y un uso suplementario, de manera que se amplía la base de consumidores y se incrementan las oportunidades de venta. Muchos fabricantes de ropa y tejidos consideran que los tejidos y la ropa inteligentes son la clave del futuro.

When creating a product, efficiency is always sought in its development process to maximize its benefits. This chapter features several processes with which the increased benefits are in the shape of significant time savings, the generation of a minimum level of waste, or simply the ability to create clothing that up to now has been a mere figment of the imagination.

Al crear un producto, siempre se busca la eficiencia en su proceso de desarrollo para optimizar sus beneficios. En este capítulo se muestran diversos procesos con los que el aumento de los beneficios proviene de ahorros significativos de tiempo, de la generación de un mínimo de residuos o simplemente del hecho de poder crear prendas que hasta ahora sólo existían en la imaginación de unos pocos.

INNOVATIVE CONSTRUCTION PROCESSES

PROCESOS DE CONFECCIÓN INNOVADORES

Suzanne Lee

www.biocouture.co.uk

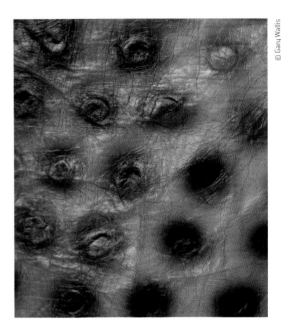

© Gary Wallis

BioCouture

This is a visionary and innovative project about developing a biomaterial for use in fashion design in which textile design, fashion, biotechnology and nanotechnology converge. Fashion designer Suzanne Lee has worked alongside the scientist David Hepworth to produce a line of sustainable clothing grown from bacterial cellulose. Harmless bacteria are used for weaving, and simultaneously cellulose fibers are modeled to something similar to a textile. Once the film has grown, it is cultivated into a green tea solution, and then dried, cut and sewn just like any conventional material. To add color, it can be printed and dyed with vegetable dyes.

The ultimate goal of this research is to obtain a seamless garment from liquid.

Éste es un proyecto visionario e innovador sobre cómo desarrollar un biomaterial utilizable en la confección en el que converjan el diseño textil, la moda, la biotecnología y la nanotecnología. La diseñadora de moda Suzanne Lee ha trabajado con el científico David Hepworth para producir una serie de prendas sostenibles que nacen de la celulosa bacteriana. Se utilizan bacterias inocuas para tejer y, simultáneamente, se modelan fibras de celulosa como algo parecido a un tejido. Una vez que se obtiene una lámina, se cultiva en una solución de té verde, se seca y luego se corta y se cose como cualquier tela convencional. Para agregar color, se puede teñir y estampar con tintes vegetales.

El objetivo final de esta investigación es crear una prenda volumétrica sin costuras nacida de un cubo de líquido.

Amisha Gadani

www.amishagadani.com

© Renee Rosensteel

Blowfish Dress

While browsing through a sea life picture book, Amisha Gadani was inspired by the sudden—and a little funny—defense system of pufferfish, who when attacked by predators inflates like a balloon. After researching ways in which humans could use this system, the "N.I.C.E dress" was born, with the purpose of protecting themselves when the person feels intimidated.

The dress has four nylon air chambers connected to four fans that are activated when the right hand closes connecting the two black cables that are coiled round the arm. This fills the chambers with air, transforming the long, dark dress into a short and bright turquoise dress.

Vestido Blowfish

Mientras miraba un libro de imágenes marinas, Amisha Gadani se sintió inspirada por el repentino —y un poco cómico— sistema de defensa de los peces globo, que, al sentirse atacados por algún depredador, se inflan como una pelota. Tras investigar maneras en que los humanos pudieran apropiarse de este sistema, nació este vestido —también llamado N.I.C.E. dress—, con el que una persona puede protegerse cuando se siente intimidada.

El vestido cuenta con cuatro cámaras de aire de nailon conectadas a cuatro ventiladores, que se activan cuando al cerrar la mano derecha se conectan los dos cables negros que serpentean por el brazo. Esto hace que las cámaras se llenen de aire, transformando el vestido largo y oscuro en uno corto y brillante de color turquesa.

42

Suzanne Goodwin

www.suzannegoodwin.com

© David Poole

Chasing Rainbows

The ongoing uncertainty caused by the environment in which we live today, with an ever-changing and evolving climate, is the basis for this project that celebrates the unpredictability of the weather.

Suzanne Goodwin has created a range of innovative fabrics—with thermochromic inks that react to water and glow-in-the-dark, using digital printing, screen printing and dye-sublimation printers—to respond to changes in the behavioral pattern of elements such as the sun, wind and rain. The unpredictable nature of the meteors causes the fabrics to expand and contract, creating poetic and playful garments. She makes mostly timeless pieces with her textiles such as scarves, jackets and dresses.

La constante incertidumbre que provoca el entorno en que vivimos hoy en día, con un clima que cambia rápidamente, es la base para este proyecto, que celebra la imprevisibilidad del tiempo.

Suzanne Goodwin ha producido una gama de telas innovadoras —con tintas que reaccionan con el agua, termocrómicas y que brillan en la oscuridad, usando impresión digital, serigrafía e impresoras de sublimación— que responden a los cambios de elementos como el sol, el viento y la lluvia. El carácter imprevisible del comportamiento de los meteoros hace que los tejidos se expandan o se contraigan para crear prendas poéticas y lúdicas. Con ellos, Suzanne elabora sobre todo prendas eternas, como bufandas, anoraks y vestidos.

© David Poole

Chrysalis Dress

A butterfly floats in the air trapped by the light … A red paper dress buried in felt, like a little prisoner of the pages of time …

The Chrysalis dress was created as a tangible, poetic and yet technical encounter between working with felt and working with paper. Made with vintage paper, the creator interpreted it as a small plant stuck between the pages of a book. These are layers of felt—the material that he usually works with—that together and using the traditional method of working with paper, creates a new textile. The result is this fine red dress, a silent witness of the past that brings the embedded felt to life again.

Photos (pp. 48, 50, 51): © Leonidas Kourgiantakis. Design: Aurore Thibout, Chrysalis, 2006, ATOPOS collection

Vestido Chrysalis

Una mariposa que flota en el aire atrapada por la luz … Un vestido rojo hecho de papel enterrado en fieltro, como un pequeño prisionero de las páginas del tiempo …

El vestido Chrysalis nace como un encuentro tangible, poético y a la vez técnico entre el trabajo con fieltro y el trabajo con papel. Hecho con un papel *vintage*, la creadora lo ha interpretado como un pequeño vegetal atrapado entre las páginas de un libro. Éstas son capas de fieltro —el material con el que suele trabajar— que, todas juntas y trabajadas de la manera en que se hace el papel tradicionalmente, crean un nuevo tejido. El resultado es este delicado vestido rojo, testigo mudo del pasado, que el fieltro incrustado hace renacer.

Fotografía (pp. 48, 50 y 51): © Leonidas Kourgiantakis. Diseño: Aurore Thibout, Chrysalis, 2006, colección ATOPOS

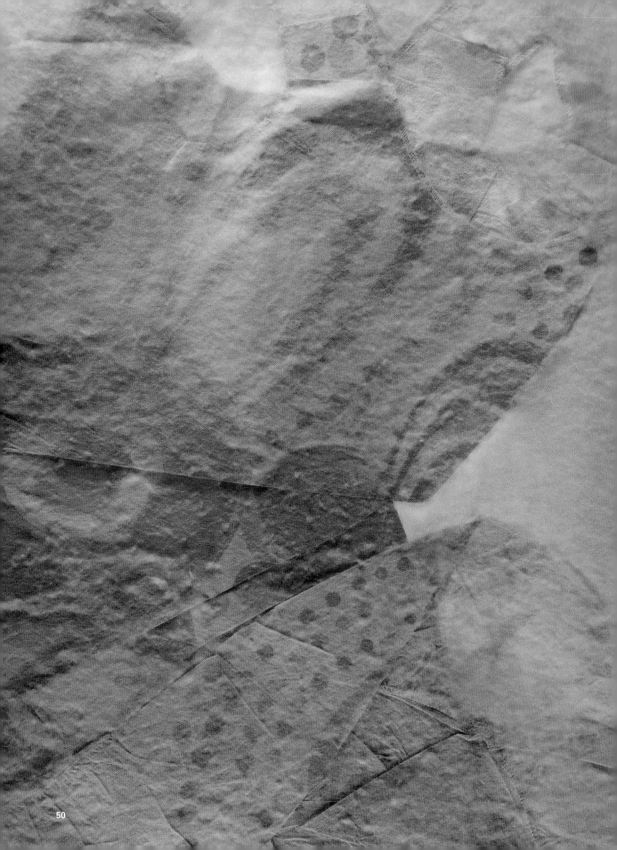

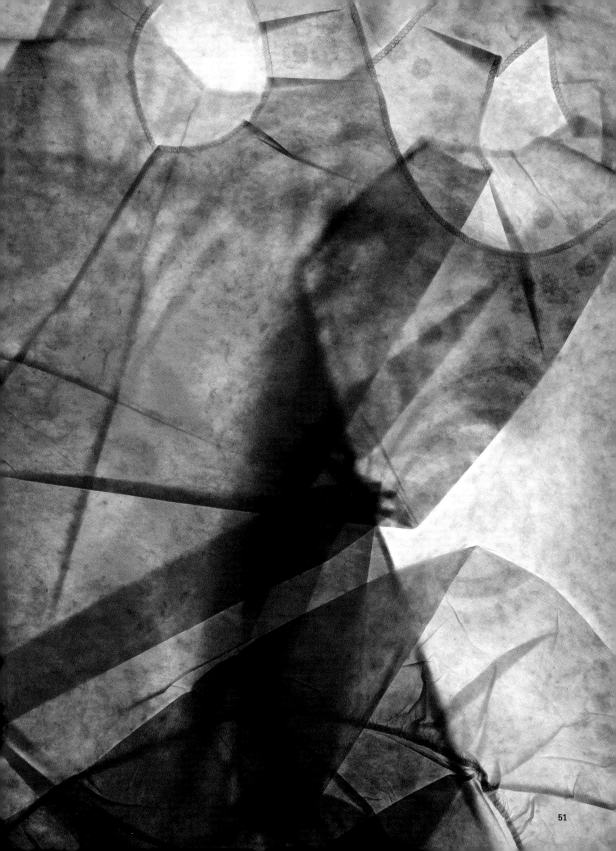

Matthew Karl Gale

www.makaga.com

Excubo Jacket

Sleeping on the plane, bus or subway is almost always an uncomfortable experience. In view of this, Matthew researched and learned that a person can sleep when they are comfortable on something soft (like a bed), but also when the body is supported by a rigid structure. On this basis, he created Excubo, the winning jacket in the 2006 Dyson Eye for Why design competition.

Excubo is designed with an expanded polystyrene filling and a system of ropes that when they are tightened, transform the jacket into a firm shell that keeps you warm and protects you. The collar becomes a sleeping mask, the lapels become pillows, the sides tighten around the torso to keep you in an upright position and the cuffs unwrap to make mittens for your hands.

Chaqueta Excubo

Dormir en el avión, el autobús o el metro es algo que casi siempre resulta incómodo. En vista de ello, Matthew investigó y descubrió que se puede dormir no sólo cuando se está cómodo sobre algo blando (como una cama), sino también cuando se está apoyado en un cuerpo rígido. Basándose en ello, creó Excubo, la chaqueta ganadora del concurso de diseño Dyson Eye for Why de 2006.

Excubo está diseñada con un relleno de poliestireno expandido y un sistema de cuerdas que, cuando se aprietan, transforman la chaqueta en un firme caparazón que abriga y protege. El cuello se convierte en un antifaz para dormir, las solapas en almohadas, los lados se contraen alrededor del torso para mantener a la persona en una posición vertical, y los puños se abren para hacer de guantes para las manos.

53

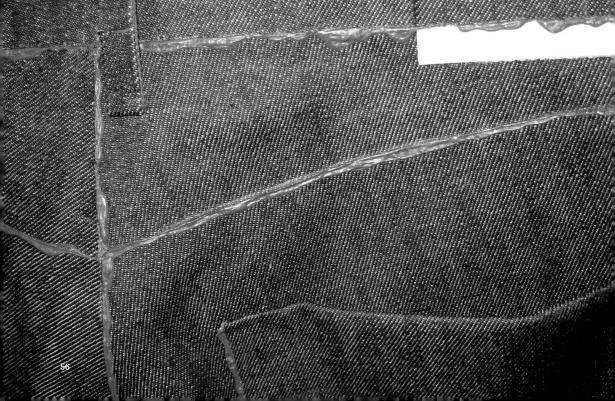

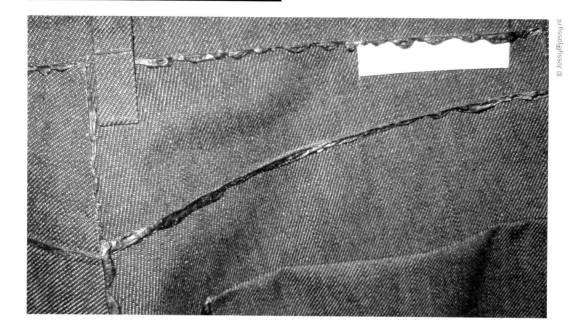

Gluejeans

On July 19, 2008, at the opening of the Amsterdam Fashion Week, the Dutch duo G+N introduced a radical new concept in the conservative world of denim: Gluejeans, jeans made with glue. This caused such uproar that the same year they won the Dutch Design Award for the best product in the category of fashion, jewelry and accessories.

These jeans are totally hand-made in the Netherlands with 345 g/m² denim that has been treated to prevent fraying as there are no seams and to allow the ultra-strong and water-resistant black or red glue to stick better. The contrasting color of the glue creates a visual interplay of lines in the jeans.

El 19 de julio de 2008, en la apertura de la Semana de la Moda de Ámsterdam, el dúo holandés G+N introdujo un concepto nuevo y radical en el conservador mundo del tejano: Gluejeans, unos vaqueros cuyas costuras han sido reemplazadas por pegamento. Tal fue el revuelo que ese mismo año ganaron el premio Dutch Design en la categoría de mejor producto de moda, joyería y complementos.

Estos tejanos se fabrican completamente a mano en los Países Bajos con una tela vaquera de 345 g/m² que ha sido tratada para evitar que se deshilache, pues no tiene ninguna costura, y para permitir que se adhiera mejor el pegamento especial ultrafuerte y resistente al agua de color negro o rojo, con lo que además se consigue crear un juego visual de líneas en los pantalones.

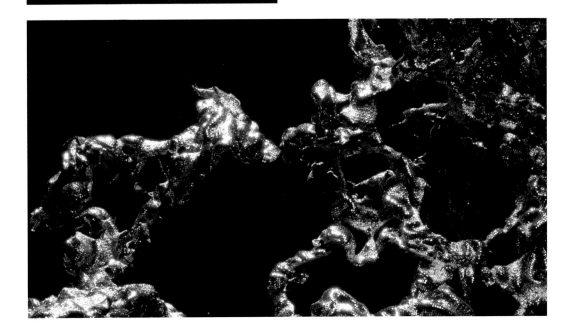

Golden Decay

This collection focuses on an unusual experiment with an element that is usually kept away from any kind of fabric due to the danger it represents: fire. Fabrics containing synthetic fibers have been burned delicately, which causes them to scorch unevenly and create rugged and exquisite forms that appear to be much coarser than the material itself, as if they were metals in the smelting process. The form of each of the garments that are made with these fabrics will be at the mercy of fire—depending on how it has been applied and at what temperature—, but always the fit and comfort of the garment will come first, so the function of the garment will not be compromised for beauty and thus keeping the balance between poetry and efficiency.

Esta colección se centra en una peculiar experimentación con un elemento que generalmente se intenta mantener alejado de todo tipo de tejido debido a su peligrosidad: el fuego. Delicadamente, se han quemado telas que contienen fibras sintéticas, lo que hace que éstas ardan de manera irregular y se creen unas formas abruptas y exquisitas, de un aspecto mucho más tosco que el de la tela, como si de metales en proceso de fundición se tratara. La silueta de cada una de las prendas que se hagan con estas telas estará entonces a merced del fuego –de cómo haya sido aplicado y a qué temperatura–, pero siempre se abogará por mantener la prestancia y la comodidad de la prenda, evitando que la funcionalidad interfiera en la belleza y manteniendo así el equilibrio entre poesía y eficiencia.

Photos (pp. 58, 59): © www.rafaelkroetz.de. Producer: Miriam Lehle

Fotografía (pp. 58 y 59): © www.rafaelkroetz.de. Producción: Miriam Lehle

Kerri Wallace

www.kerriwallace.com

Screen-printed layered feather pattern / Estampado de plumas serigrafiado por capas

Motion Response™ Sportswear

Kerri's ultimate goal with her line Motion Response™ is to design and develop smart and interactive fabrics that react and evolve when in contact with people so that with these fabrics she can produce pieces that are sensitive to the body and its movement. To do so, she explores "future" concepts and new technological processes related to traditional techniques, proposing functional, aesthetical and conceptual ideas. She uses the correlations between heart rate and body temperature as a trigger for change and as a form of visual monitoring, creating interactive textiles inspired by metamorphosis, mutation, biomimetrics (science that seeks in nature solutions to human problems, following the model of it systems, processes or elements) and mimicry.

Ropa deportiva Motion Response™

El objetivo final que persigue Kerri con su línea Motion Response™ es diseñar y desarrollar tejidos inteligentes e interactivos que reaccionen y evolucionen al entrar en contacto con las personas, y producir piezas que sean sensibles al cuerpo y a su movimiento. Para ello, investiga conceptos «futuros» y nuevas tecnologías relacionados con procesos y técnicas tradicionales, proponiendo ideales funcionales, conceptuales y estéticos. Usa las correlaciones entre el ritmo cardiaco y la temperatura corporal como desencadenante del cambio y como forma de control visual para crear tejidos interactivos inspirados en las metamorfosis, las mutaciones, la biomímesis (ciencia que busca en la naturaleza soluciones a problemas humanos siguiendo el modelo de sus sistemas, procesos o elementos) y la mímica.

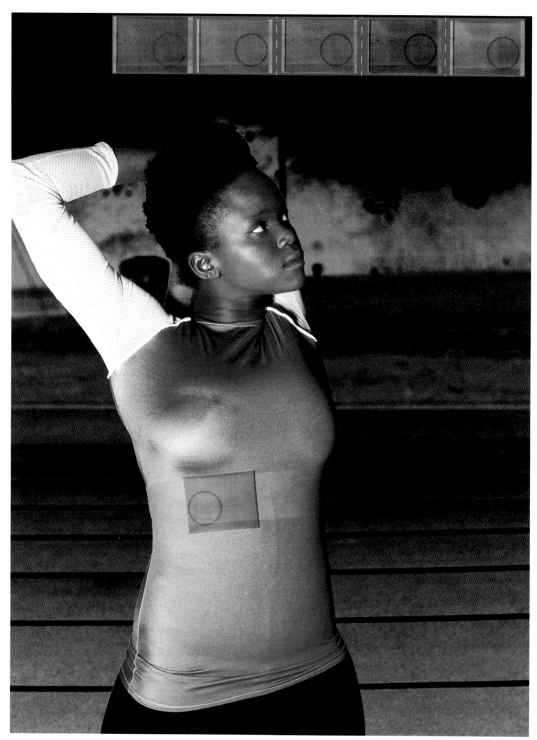

Thermochromic Liquid Crystal print / Estampado de cristal líquido termocromático

Thermochromic Liquid Crystal "muscle-response" engineered design / Diseño avanzado de respuesta muscular con cristal líquido termocromático

Thermochromic Liquid Crystal color-temperature spectrum / Espectro cromático-térmico del cristal líquido termocromático

**Ebru Kurbak,
Mahir Mustafa Yavuz**

casualdata.com/newsknitter

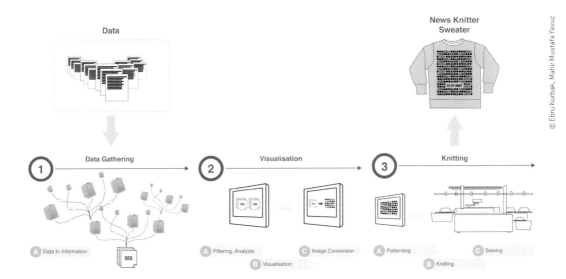

News Knitter

In recent years, technological developments in the field of textiles have focused on facilitating the creation and production of graphic patterns, which are generally developed by people who follow fashion trends. News Knitter translates this individual design process into a worldwide collaboration by utilizing live data streams on politics as a base for pattern generation. Thanks to the Internet, daily occurrences or happenings from a specific period are analysed, filtered and converted into unique and unpredictable graphic patterns for sweaters. Therefore, each product is a large scale visual support for information about a specific day or period of time.

En los últimos años, el desarrollo tecnológico en el área textil se ha concentrado en facilitar la creación y producción de patrones gráficos, que generalmente desarrollan personas que siguen las tendencias de la moda. News Knitter (Tejedor de Noticias) transforma este proceso individual de diseño en una colaboración mundial al utilizar información recopilada de las noticias diarias sobre política como base para la generación de patrones. Gracias a Internet, los sucesos que ocurren en un día o un período determinado se analizan, se filtran y se convierten en un patrón gráfico único e impredecible con el que se tejerá un jersey. Cada suéter es, pues, un soporte para la visualización de información a gran escala de un lapso de tiempo determinado.

67

**Dana Karwas, Karla Karwas/
KARHAUS studio**

www.karhaus.com

© Tobais Koch

Party Dress

This dress was created with the idea of going one step further in the relationship between architecture and fashion. It flirts with the traditional concepts of public and private space, and combines conventional notions of scale, materiality and temporality.

The geometry of the garment combines precise digital modeling along with craftsmanship. The computer served to play with the intensity of the drape of the fabric and the height at which it would be kept until the best design was found. Once this form was carefully modeled in 3-D, it became a two-dimensional pattern and the pieces were cut. More than 200 yards of fabric were sewn—between acetate, silk and polyester—to create the body of these integrated dresses.

Vestido de fiesta

Este vestido fue creado con la idea de ir un paso más allá en la relación entre la arquitectura y la moda. En él flirtean los conceptos tradicionales de espacio público y privado, y se conjugan las nociones convencionales de escala, materialidad y temporalidad.

La geometría de la prenda combina un preciso modelaje hecho digitalmente y el trabajo artesanal. Mediante el ordenador se jugó con la intensidad del drapeado de la tela y la altura a la cual se sostendría hasta que se encontró el mejor diseño. Una vez que esta forma se hubo modelado minuciosamente en 3D, se convirtió en un patrón bidimensional y se procedió al corte de las piezas. Se cosieron casi 190 metros de tela —entre acetato, seda y poliéster— para crear el cuerpo de estos vestidos integrados.

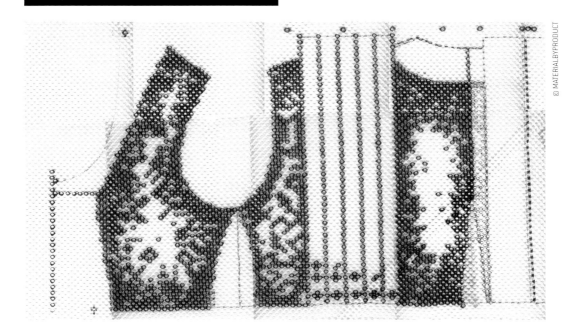

Templates

One of the most time-consuming processes of making a garment is the pattern design: you have to think about and draw the pattern, then get the fabric, position the pattern design on the fabric to make best use of it, and then mark and cut it out. "Templates" was created to reduce these steps and generate as little waste as possible. It is a rectangular grid that contains all the construction lines and sizes needed for making a garment. You only have to mark the pattern once—made with rice paper and mesh—on the fabric with felt-tip pens and markers—which replace the chalk and basting—, scan them and assemble them in Illustrator. Once the template is designed, the fabric is digitally printed, the neckline and armholes are cut, and the garment is ready.

Uno de los procesos de confección de una prenda que ocupa más tiempo es el patronaje: se ha de pensar y dibujar el patrón, luego disponer la tela, posicionar los patrones sobre ella para que se pueda aprovechar al máximo, y después marcarlos y cortarlos. Para reducir estos pasos y generar el mínimo desperdicio posible se creó Templates (Plantillas), una rejilla rectangular que contiene todas las líneas de construcción y tamaños necesarios para la confección de una pieza. Sólo se han de marcar una vez los patrones —hechos con malla y papel de arroz— sobre la tela con rotuladores y corrector —que reemplazan la tiza y el hilván—, digitalizarlos y montarlos en Illustrator. Una vez diseñada la plantilla, se imprime digitalmente la tela, se corta el escote y la sisa, y ya está lista la prenda.

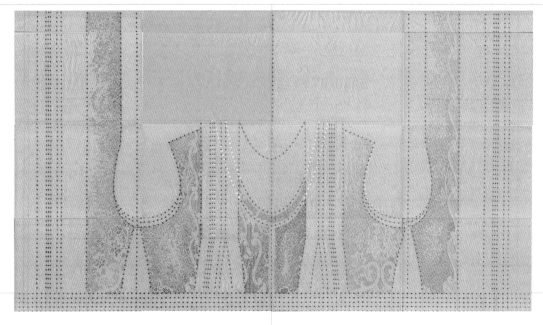

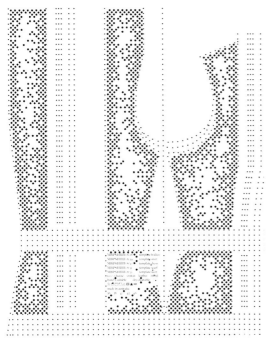

Shelley Fox

www.shelleyfox.com

© Simon Denton

The Fat Map Collection

In this collection, Shelley Fox brings together two of her interests: magnetic resonance imaging (MRI) and "home-made" clothes. This forms part of an interesting parallelism between passing down clothes in the family and the inheritance of the body shape: clothes have to be modified to fit the body of the new owner as well as a mother's body shape varies to that of her daughter.

The garments are made from MRI body fat maps with volunteers, and their evolution is shown with six month exercise regimes. According to these variations, the garments are adjusted, new pieces are added, seams are removed or the edges are trimmed with pinking shears, reflecting the changes in the body over the six-month period.

Colección Fat Map

En esta colección, Shelley Fox une dos de sus intereses: las imágenes por resonancia magnética (IRM) y las prendas «caseras». Todo parte de un interesante paralelismo que hace entre pasarse la ropa de unos a otros en una familia y la herencia genética: la ropa ha de sufrir ciertas modificaciones para que se adapte al cuerpo del nuevo usuario igual que la figura corporal varía de madre a hija.

Las prendas se confeccionaron a partir de mapas de la grasa corporal hechos con IRM a varios voluntarios que muestran su evolución tras seis meses de ejercicio. Para ajustar entonces las prendas en función de esa variación, se le añaden nuevas piezas, se quitan las costuras o se recortan los bordes con tijeras dentadas, marcas que reflejan los cambios del cuerpo con el paso del tiempo.

Aleksandra Gaca

www.aleksandragaca.nl

Slumber Shawl Collection, Architextile Collection

This designer is fascinated by three-dimensional structured textiles. She experiments with textiles that she weaves herself and unusual materials to create innovative fabrics the quality of which is unsurpassable. Over time, the 3-D effect has become more and more daring as Aleksandra always goes one step further, and wonders just how far can she go with the preparation and combination of different materials to create three-dimensional fabrics.

Her three-dimensional pieces draw inspiration from abstract architectural concepts, such as rhythm and grids. They suggest a clear geometrical language, with diamonds, squares, droplets and triangles as commonly-used motifs.

Photos (pp. 80, 83): Architextile collection, © Aleksandra Gaca; (pp. 81, 82) Slumber Shawl collection, © Eddy Wenting

Colección Slumber Shawl, colección Architextile

Esta diseñadora textil siente fascinación por las estructuras tridimensionales tejidas. Experimenta con tejidos que urde ella misma y materiales inusuales para crear telas innovadoras con las que logra una calidad hasta ahora desconocida. Con el paso del tiempo, el efecto 3D se ha vuelto más extremo, ya que Aleksandra va siempre un paso más allá y se pregunta hasta dónde puede llegar en la confección y combinación de diferentes materiales para crear telas tridimensionales.

Las figuras que genera con esta tridimensionalidad están inspiradas en conceptos arquitectónicos abstractos —como el ritmo y las cuadrículas— y sugieren un claro lenguaje geométrico, con los rombos, los cuadrados, las gotas y los triángulos como motivos recurrentes.

Fotografía (pp. 80 y 83): colección Architextile, © Aleksandra Gaca; (pp. 81 y 82) colección Slumber Shawl, © Eddy Wenting

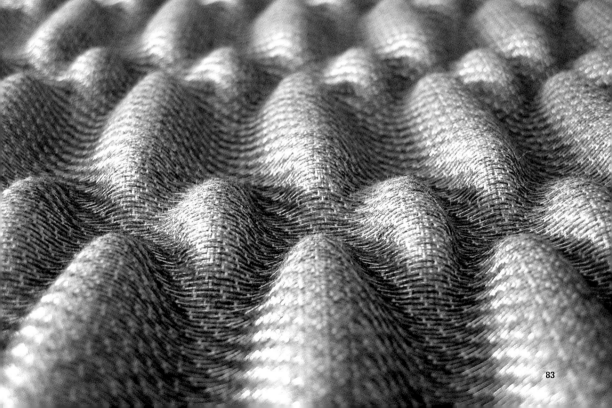

**Hande Akçayli, Murat Koçyigit/
Mashallah Design, Linda Kostowski**

the-t-shirt-issue.com

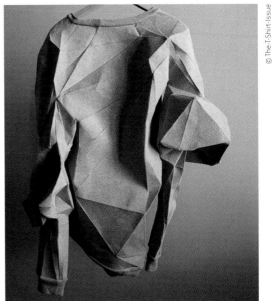

© The-T-Shirt-Issue

The-T-Shirt-Issue

These curious T-shirts are based on the scan of a person's body. The output of this scan is a 3-D file the resolution of which is defined by the amount of polygons composing the image, similar to pixels in a bitmap graphic. Mashallah Design and Linda Kostowski used these angled shapes to create unique 2-D sewing patterns to make a T-shirt that somehow evokes what was going through the mind of the person who was scanned. The unfolding function is used to turn the 3-D data into a 2-D sewing pattern, a common tool in industrial design processes to make paper models with. This method changes radically the aesthetics of the garment, as opposed to traditional pattern construction methods, the orientation of the fabric does not matter thus leaving the designer free to create.

Estas curiosas camisetas tienen como base el escáner del cuerpo de una persona, que se guarda en un archivo en 3D cuya definición está dada por el número de polígonos que componen la imagen, como si fueran los píxeles de un gráfico de mapa de bits. A partir de esas formas angulosas, Mashallah Design y Linda Kostowski crean patrones únicos de costura en dos dimensiones para hacer una camiseta que evoca de alguna manera lo que pasaba por la mente de la persona a la que han escaneado. Para ello utilizan la función de desdoblar, habitual en los procesos de diseño industrial cuando se utilizan moldes de papel, pero que en moda cambia radicalmente la estética de las piezas, ya que, a diferencia del sistema tradicional de confección, no se tiene en cuenta la dirección de la tela y permite al diseñador crear con total libertad.

**Magdalena Kohler, Hanna Wiesener,
Hannes Nützmann, Achim Amann**

www.trikoton.com

© Marie Jacob

Trikoton Voice Knitting Collection

This collection is committed to the relation between communication and fashion, but does so in a different way: the patterns that have been knitted are based on spoken messages the frequency bands of which have been turned into binary codes. The result is personal and unique pieces, like the human voice.

The origin of this process goes back to the Ars Electronica Festival 2007, when Magdalena Kohler and Hanna Wiesener created Gelsomina, the voice knitting machine. To do this, they *hacked* a knitting machine from the seventies to make it interactive, and with a small microcontroller and 24 servo-motors they were able to imitate a system of patterns that can be controlled directly by the sound of the voice using a computer.

Colección Trikoton Voice Knitting

Esta colección apuesta por la conexión entre la comunicación y la moda, pero lo hace de una manera diferente: los patrones con que ha sido tejida provienen de mensajes hablados cuyas bandas de frecuencia han sido convertidas en códigos binarios. El resultado son piezas personales y únicas, como la voz humana.

El origen de este proceso se remonta al festival Ars Electronica 2007, cuando Magdalena Kohler y Hanna Wiesener crearon Gelsomina, la máquina para tejer la voz. Para ello, *hackearon* una tejedora mecánica de los setenta para que fuera interactiva y, con un microcontrolador y 24 pequeños motores, lograron imitar un sistema de patrones que se podía controlar directamente por medio de las señales de la voz a través de un ordenador.

Ebru Kurbak
Member of the Dept. of Space & Design Strategies at
Kunstuniversität Linz, creator of News Knitter
Miembro del Departamento de Espacio y Diseño de la
Kunstuniversität de Linz y creador de News Knitter

Ebru Kurbak received her MSc degree in Architecture from the Istanbul Technical University in 2002. She is currently conducting her PhD research and lecturing at the Department of Space and Design Strategies at the Kunstuniversität Linz, Austria. Her research focuses on understanding current models of perception and experience of space through the effects of the integration of technological systems. In 2007 she created News Knitter with designer Mahir M. Yavuz.

Do you think that fashion could become a worldwide expression of protest?

Fashion, styles of clothing and accessories in particular, have always been a medium for expression. Due to new modes of production, the possibility of producing self-customized garments is increasing. This encourages people to use clothing as a medium to express their reactions. On the other hand, the circulation of these styles is now much faster than before. Items that once were forms of protest rapidly become pervasive and mainstream.

What is your opinion about integrating innovative technologies or processes in cloth and apparel?

Currently, many people from various fields with various approaches are curious about this. We are rather interested in how our daily life is becoming ever more technologically enhanced and how this change can inform our garments. We believe that our contemporary daily practices inevitably influence our clothing styles—to put it simply, even the person with the most conventional style of clothing needs an extra pocket for a mobile phone today. There are many inspiring wearable artworks that open up discussions, create awareness and influence other fields regarding this issue. We think that the industrial companies are increasing their interest towards integrating technologies into clothing as well. Garments which are produced by considering the expectations of users and conventions of fashion and are at the same time at least as durable, sustainable and washable as conventional clothing items will enter daily wardrobes in the near future.

What do you believe is the future of fashion?

With the invention of new fabrics, textiles and embedded technologies, we believe wearables will be one of the next big things in this decade. Human body is an essential space on which you can work and technology is unstoppable; it is developing every day. There will be new fabrics, new displays, new sensors, etc. to create tech-fashion and it will become inevitable for fashion designers—like many also in other fields—to come up with smart ideas that work with new technologies.

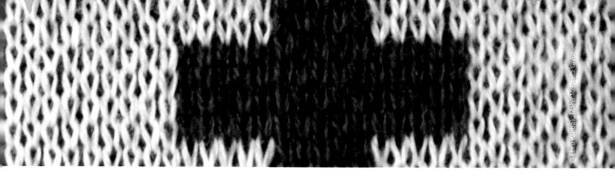

En 2002, Ebru Kurbak obtuvo la licenciatura de arquitectura en la Universidad Técnica de Estambul. En la actualidad está completando su doctorado e imparte clases en el Departamento de Estrategias de Espacio y Diseño de la Kunstuniversität de Linz (Austria). Su investigación se centra en la comprensión de los modelos actuales de percepción y la experiencia del espacio a través de los efectos de la integración de sistemas tecnológicos. En 2007 creó News Knitter junto con el diseñador Mahir M. Yavuz.

¿Cree que la moda se podría convertir en una herramienta de protesta a nivel internacional?

La moda, los estilos de ropa y en particular los accesorios han sido siempre un medio de expresión. Con las nuevas técnicas de producción, la posibilidad de crear prendas personalizadas es cada vez mayor. Esto anima a la gente a utilizar la ropa como medio para expresar sus reacciones. Por otra parte, estos estilos circulan en este momento de una forma mucho más rápida que antes. Los artículos que en algún momento fueron formas de protesta se convierten rápidamente en la línea común y dominante.

¿Qué opina de la integración de las tecnologías y los materiales innovadores en géneros y ropa?

En la actualidad, somos muchas las personas de diferentes ámbitos y con diferentes enfoques las que mostramos curiosidad por este tema. Estamos interesados en una presencia cada vez mayor de la tecnología en nuestra vida diaria y en el modo en que este cambio puede materializarse en nuestras prendas. Creemos que las costumbres diarias que tenemos en la actualidad influyen de forma inevitable en nuestro estilo; en otras palabras, hoy en día, hasta la persona más convencional a la hora de vestir necesita un bolsillo adicional para llevar el móvil. Hay mucho material «vestible» que sirve de inspiración y crea polémica, o conciencia, e influye en otros ámbitos relacionados con este tema. Pensamos que las empresas industriales están cada vez más interesadas en integrar tecnologías también en la ropa. Las prendas que se producen teniendo en cuenta las expectativas de los usuarios y las convenciones de la moda y que al mismo tiempo son, como mínimo, igual de duraderas, sostenibles y lavables que los artículos de ropa convencional se colarán en los armarios de diario en un futuro cercano.

¿Hacia dónde cree que se dirige la moda?

Con la invención de nuevas telas y géneros y la incorporación de tecnologías, creemos que los dispositivos «vestibles» serán uno de los grandes hitos de esta década. El cuerpo humano es un espacio esencial en el que trabajar y, además, la tecnología es imparable, avanza día a día. Se crearán nuevas telas, nuevas formas de visualización, nuevos sensores, etc., para crear una «moda tecnológica», y los diseñadores, así como los profesionales de otros ámbitos, tendrán que concebir ideas inteligentes que incorporen las nuevas tecnologías.

Recycling is an issue that has been present in all fields for quite some time. The world of fashion is no exception, although here the concept of reusing materials has been carried to an extreme: not only are the waste materials of other products used as raw materials for new creations, but also objects with a totally different function are the base for these creations.

El reciclaje es un tema que desde hace un tiempo está presente en todos los ámbitos. El mundo de la moda no es una excepción, aunque aquí se ha llevado a un extremo el concepto de reaprovechar los materiales: no sólo se utilizan los residuos de otros productos como materia prima para las nuevas creaciones, también objetos con una función totalmente diferente sirven como base para nuevos modelos.

ELEMENTS OUT OF CONTEXT

ELEMENTOS FUERA DE CONTEXTO

Ioannis Dimitrousis

www.ioannisdimitrousis.com

3000 Needle Dress, 2000 Needle Top

After having suffered a long period of depression and emotional distress, this designer decided to try to represent what this pain feels like, which is something similar to having three thousand needles stuck in the body.

To create these pieces, first the top and the vest were crocheted—using metallic and silk threads—and then thousands of needles were added. Each garment took roughly one hundred hours of work by hand. The pieces are considered to be unique in the history of fashion and the dress has been sold as a work of art to three major collectors in Russia, Japan and France. It has also been worn by Oscar winner Renée Zellweger and has been photographed for several major publications.

Photos (p. 94): © Dimitris Theocharis. Models: Sarah-Louise @ Select, Andrew Stetson @ Premier

Tras haber superado un largo período de depresión y de sufrimiento emocional, este diseñador decidió intentar representar cómo se siente ese dolor, que es algo similar a tener tres mil agujas clavadas en el cuerpo.

Para la confección de estas piezas, primero fueron tejidos con ganchillo el top y el vestido —usando hilos metálicos y de seda—, a los que luego se les incorporaron miles de agujas. Este proceso supuso alrededor de cien horas de trabajo artesanal por cada prenda. Son consideradas piezas únicas en la historia de la moda y el vestido incluso se ha vendido como obra de arte a tres grandes coleccionistas de Rusia, Japón y Francia. También lo ha lucido la ganadora del Óscar Renée Zellweger y ha sido fotografiado para varias publicaciones importantes.

Fotografía (p. 94): © Dimitris Theocharis. Modelos: Sarah-Louise @ Select, Andrew Stetson @ Premier

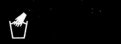

Jum Nakao

www.jumnakao.com.br

© Fernando Louza

A Costura do Invisível

To define this magical collection, Jum Nakao immersed himself in his thoughts, without setting himself boundaries, rules or conventions. That was how he came up with an idea that was the pure synthesis of necessary metamorphosis: to design a collection using paper.

Paper is the realm in which sketches, notes and a part of the creative process live side by side; it is a fragile, ephemeral material, sensitive to the passage of time; it is an empty, unfinished piece of work that can turn into something full of meaning, poetry and with the necessary light for the work to flow.

The dresses are inspired by fashion from the late nineteenth century, during which both the volume and texture of the garments were very intricate, thus it took 180 days and 700 hours of work to make them.

Para definir esta mágica colección, Jum Nakao se sumergió en sus pensamientos, sin dejarse llevar por límites, reglas ni convenciones. Así fue como encontró una idea que era la síntesis pura de la metamorfosis necesaria: hacer una colección en papel.

El papel es el reino en el que conviven bosquejos, notas y una parte del proceso creativo; es un material frágil y efímero, sensible al paso del tiempo; es una pieza de trabajo aún vacía, sin acabar, capaz de convertirse en algo cargado de significados, con poesía y con la luz necesaria para que el trabajo fluya.

Los vestidos encuentran su inspiración en la moda de finales del siglo XIX, período en que tanto el volumen de las prendas como su textura eran muy elaborados, por lo que se necesitaron 180 días y 700 horas de trabajo para confeccionarlos.

A Million Bucks

At 15 years of age Mary Economides and Alyssa Lesser made a pact. They lived in Bethesda, Maryland, USA, surrounded by kids who advertised stores across their chest with no personal style, a fact that they used to find quite humorous. They thought it would be funny to see people advertising every-day products with their clothes. It kind of evolved into wondering if they could make something cute and desirable out of something that would normally be thrown out. Two years later they had achieved it.

All their pieces are made using muslin, and then they add unconventional and recyclable materials such as saved water-bottle wrappers and caps, deliciously tacky party banners, wrapping paper, lollipops, trash bags, duct tape and newspapers.

Cuando tenían 15 años, Mary Economides y Alyssa Lesser hicieron un pacto. Vivían en Bethesda (Maryland, Estados Unidos), rodeadas de chicos que anunciaban tiendas en sus camisetas sin ningún estilo personal, situación que a ellas les resultaba bastante cómica. Este hecho las llevó a pensar lo divertido que sería que la gente anunciara en su ropa productos cotidianos, idea que evolucionó en el desafío de hacer algo bonito y deseable con cosas que normalmente se desechan. Dos años después lo habían conseguido.

Todas las piezas de la colección están hechas con muselina, a la que se le incorporan materiales poco convencionales y reciclados como envoltorios y tapones de botellas de agua, pancartas de fiestas deliciosamente horteras, papel de regalo, piruletas, bolsas de basura, cinta americana y papel de periódico.

Maison Martin Margiela

www.maisonmartinmargiela.com

ARTISANAL

Each year, since its establishment in 1989, Maison Martin Margiela includes in its collections some handcrafted garments created from clothing, fabric and existing objects that have been recycled. In this case they are the pieces that were presented at the spring-summer collection 2008.

Soccer balls, umbrellas, rubber bands, paper balls and even a mirror ball were deconstructed and converted into these pieces thanks to the manual labor of between 30 and 60 hours per garment. Its main feature is that, while derived from rigid and unconventional elements, the quality and taste of the final design are as high as the other collections that the *maison* designs using conventional fabrics.

Cada año, y desde su primera aparición en el año 1989, la Maison Martin Margiela incluye como parte de sus colecciones algunas prendas artesanales creadas a partir de ropa, tela y elementos que ya existían y que se han vuelto a trabajar. En este caso, son las piezas que fueron presentadas en la colección primavera-verano 2008.

Balones de fútbol, paraguas, gomas elásticas, pelotas de papel y hasta una bola de espejos han sido intervenidos y convertidos en estas piezas después de una labor artesanal que ha supuesto entre 30 y 60 horas de trabajo por cada prenda. Su principal cualidad es que, aunque provienen de elementos rígidos y poco convencionales, la calidad y buen gusto del diseño final son equiparables a los del resto de prendas que la *maison* diseña con tejidos convencionales.

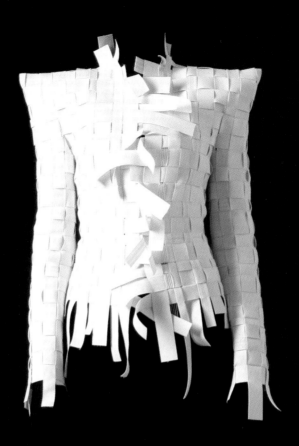

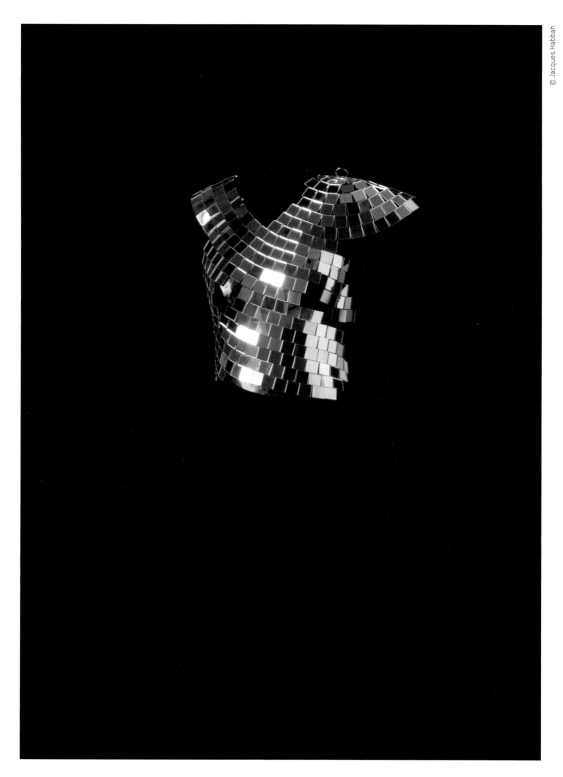

bandaDErodadura

www.bandaderodadura.com

bandaDErodadura

The used inner tubes of bikes, cars and trucks tires are the raw material used in these bags and accessories. On account of their flexibility, impermeability and resistance to the corrosive effects of the weather, they are an excellent material that makes for a durable product. Once they have been collected, they only need to go through a cleaning process with biodegradable products to be reused and turned into a new useful object.

When designing the products the aesthetics of the tubes are both respected and integrated, showing the inflating valves, old patches and factory inscriptions. Some even have the curved shape of the wheel as part of their design.

Photos: Paco Serinelli. PA © BCN2009. Creativity: Producciones Anatómicas. Art direction: Fabián Andino aka SubComandante. www.behance.net/proanatomica

Las cámaras de aire de los neumáticos en desuso de bicicletas, coches y camiones son la materia prima de estos bolsos y complementos. Gracias a su flexibilidad, impermeabilidad y alta resistencia a los efectos corrosivos de la intemperie, se convierten en un excelente material que favorece la durabilidad del producto. Una vez que se han recogido, solamente hace falta que pasen por un proceso de limpieza con productos biodegradables para estar listas para ser reutilizadas y transformadas en un nuevo objeto útil.

En el momento de diseñar los productos se respeta la estética de la cámara y se dejan a la vista las válvulas de hinchar, los parches de antiguos pinchazos e inscripciones de fábrica. Algunos incluso integran en su diseño la curvatura propia de la rueda.

Fotografía: Paco Serinelli. PA © BCN2009. Creatividad: Producciones Anatómicas. Dirección de arte: Fabián Andino aka SubComandante. www.behance.net/proanatomica

Liliana Andrade, Marcela Manrique/ demano

www.demano.net

basics

The main proposal of these enterprising girls is to do their bit for the environment and show that it is possible to help without leaving the city where you live. Fortunately, their city is Barcelona, a constant source of inspiration for artists and a city packed with cultural activities giving meaning to their project and contributing to the success that it has.

In demano they design original and completely unique bags and accessories with the waste from the city's advertising material, such as PVC banners promoting exhibitions, festivals and events organized by the Barcelona City Council and other local bodies such as the MACBA, the Fundació Antoni Tàpies and the CCCB.

El propósito fundamental de estas chicas emprendedoras es aportar su grano de arena al medio ambiente y demostrar que es posible ayudar sin tener que moverse de la ciudad donde se vive. Afortunadamente en su caso esa ciudad es Barcelona, una constante fuente de inspiración para artistas y un lugar lleno de actividades culturales que permitió que su proyecto tuviera sentido y se llevara a cabo con el éxito que ha cosechado.

Lo que hacen en demano es confeccionar originales bolsos y complementos únicos con el material publicitario de desecho de la ciudad, como las banderolas de PVC que promocionan exposiciones, festivales y eventos organizados por el ayuntamiento y otras entidades locales como el MACBA, la Fundació Antoni Tàpies o el CCCB.

INSTIN
JULIA M
LUCIANA

interés patri

las cuale

muebles

obras

ob

llega

y del ex

• Cer

atractiv

como

Zipaqui

Señora

Angeles

de la V

Bojacá y

Tunja.

Sandra Backlund

www.sandrabacklund.com

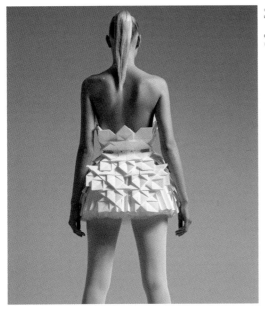

© Oscar Falk

Blank Page Collection

This—the fall-winter 2005-2006—is the second collection by Sandra Backlund, which is presented as a kind of sequel to the previous collection (Body, Skin and Hair) but also as a new start, just as a page may be blank because what was on it has been erased or because it is still new and unused. Hence the name of the collection, Blank Page, and the material she has experimented with in this creation: paper.

Handcrafted work is a very important part of this designer's work and in this case she has expressed it in the folding of paper. She feels liberated by creating her own "fabric" but at the same time it is a massive challenge, as you need to master many skills and you cannot even think about improvising.

Colección Blank Page

Esta —la otoño-invierno 2005-2006— es la segunda colección de Sandra Backlund, que se presenta como una especie de continuación de la anterior (Body, Skin and Hair) y a la vez como un nuevo comienzo, del mismo modo que un folio puede estar en blanco porque se ha borrado lo que había en él o porque se trata de uno nuevo, aún sin usar. De ahí el nombre de la colección, Blank Page (hoja en blanco, en español), y el material con que se ha experimentado en este diseño: el papel.

Lo artesanal es una parte importante del trabajo de esta diseñadora y en este caso se manifiesta en el plegado del papel. Para ella es una liberación poder crear su propia «tela», pero a la vez es un gran desafío, ya que es necesario dominar un gran número de habilidades y no se puede siquiera pensar en improvisar.

Sandra Backlund

www.sandrabacklund.com

Body, Skin and Hair collection

The starting point for Sandra Backlund's spring-summer collection 2005—that she designed for her graduation in the Beckmans College of Design in Stockholm—was the desire to create a jacket from hair. Sandra finds this fiber, as well as skin and the entire human body dazzling, especially by the fact that if taken out of context they can have beautiful results, but at the same time are slightly repulsive.

To make these garments, first she made the lining from fabric, and then human hair was carefully and painstakingly sewed on. Once sewn, the hair was combed, cut to achieve the desired shapes and volumes of garments, and finally braided and fixed.

Colección Body, Skin and Hair

El punto de partida de esta colección de primavera-verano 2005 –que Sandra Backlund diseñó para su graduación en el Beckmans College of Design de Estocolmo– fue el deseo de crear una americana de pelo. Tanto esta fibra, como la piel y el cuerpo humano en general resultan deslumbrantes para Sandra, sobre todo por el hecho de que si se sacan de su contexto pueden ser bellísimos, pero a la vez tienen ese punto que puede resultar un tanto repulsivo.

Para confeccionar estas prendas, primero hizo el forro con tela, y luego le fue cosiendo cuidadosa y laboriosamente el cabello humano. Una vez cosido, el cabello fue peinado, cortado para poder obtener las formas de las prendas y los volúmenes deseados, y, por último, trenzado y fijado.

Michael Cepress

www.michaelcepress.com

Collars for the Modern Gentleman

For the RRRIPP!!! Paper Fashion exhibition in Athens, this designer and tailor received a series of used paper clothing, belonging to 60s American pop culture, so that he could try and convert them into a new garment for the modern man.

As a source of inspiration, Michael was very attracted to the notion of detachable collars of men's shirts from the early twentieth century. The result is a series of collars for the contemporary gentleman that catches the spirit of the past but with a much more statuesque focus. You can see that the paper has been treated by someone used to working by hand and paying attention to details as its construction and finishes are impeccable.

Photos: © Michelle Moore. Makeup: Drew Krake. Modelo: Cameron McCool

Cuellos para el caballero moderno

Para la exposición «RRRIPP!!! Paper Fashion» de Atenas este diseñador y sastre recibió una serie de vestidos de papel usados, pertenecientes a la cultura pop norteamericana de los años sesenta, con el fin de que fueran convertidos en alguna prenda novedosa para el hombre actual.

Como fuente de inspiración, Michael se sintió muy atraído por los cuellos de quita y pon de las camisas de hombre de principios del siglo xx. El resultado es una serie de cuellos para el caballero contemporáneo que capturan el espíritu del pasado pero con un enfoque mucho más escultural. En ellos se puede ver que el papel ha sido tratado por alguien acostumbrado a trabajar de forma artesanal y en detalle, ya que su factura y terminaciones son impecables.

Fotografía: © Michelle Moore. Maquillaje: Drew Krake. Modelo: Cameron McCool

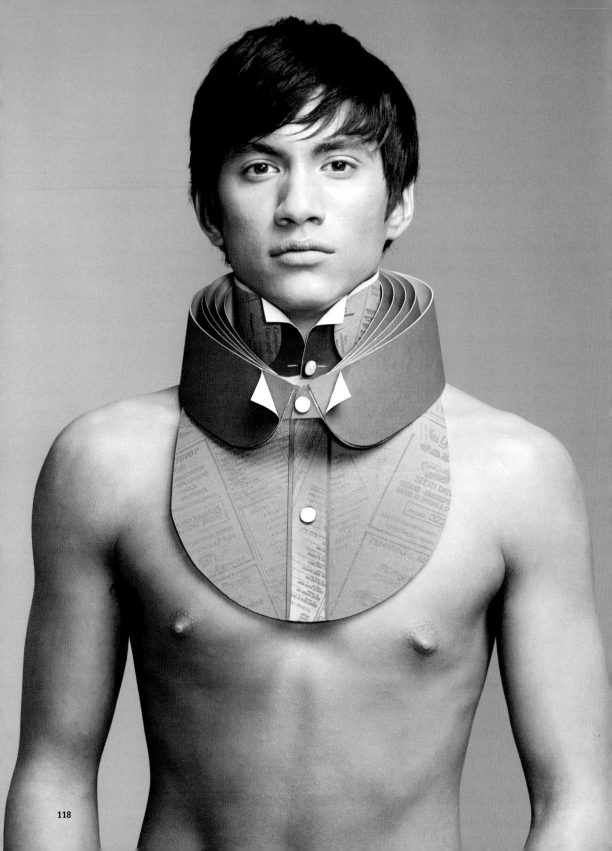

Adriana Bertini

www.adrianabertini.com.br

© Marcelo Martiniano

CondomArt

It all began when this Brazilian received a box of 144 expired condoms and decided to research what could be done with this material. Today she devotes her time to using the latex of defective or expired condoms to transform them into works of art.

Inspired by a group of HIV-positive children who she met while she was a volunteer at Gapa, a support group for AIDS prevention, Adriana creates dresses that are aimed at raising awareness and encouraging people to reflect on the proper use of condoms. Her work has toured the major cities in Brazil and has been part of the 14th International AIDS Conference in Barcelona and the Vista-se contra SIDA runway show in Cascais, Portugal.

Todo comenzó cuando esta brasilera recibió una caja con 144 preservativos caducados y decidió investigar sobre lo que podía hacer con este material. Hoy se dedica de lleno a utilizar el látex de estos condones defectuosos o que han expirado para transformarlos en piezas de arte.

Inspirados por un grupo de niños seropositivos que conoció mientras era voluntaria en Gapa, un grupo de apoyo a la prevención del sida, los vestidos que Adriana crea tienen como objetivo aumentar el nivel de concienciación e incentivar la reflexión sobre el uso adecuado del preservativo. Su obra ya ha recorrido las principales ciudades de Brasil y se ha incluido en la 14ª Conferencia Internacional sobre el sida de Barcelona y en el desfile Vista-se contra SIDA de Cascais (Portugal).

**Lucy McRae, Bart Hess/
LucyandBart**

lucyandbart.blogspot.com

Exploded View, Evolution

Lucy McRae, an artist and body architect, and Bart Hess, an experimental artist, share a fascination with genetic manipulation and the expression of beauty. Together they are the brains behind LucyandBart, described as an instinctual stalking of fashion, architecture, performance and the body. Even if it is not their intention, unconsciously their work is full of references to these subjects.

In creating their pieces, they use everyday, inexpensive objects and materials: the first project, Exploded View, is an explosion of movement from the middle of the body created solely with folded paper and glue, and the second, Evolution, is a representation of human evolution using balloons and nylon stockings, which were cut and sewn by hand.

Lucy McRae, artista y arquitecta del cuerpo, y Bart Hess, artista experimental, comparten una fascinación por la manipulación genética y la expresión de la belleza. Juntos son los creadores de LucyandBart, un acecho instintivo a la moda, la arquitectura, las representaciones y el cuerpo humano, y, aunque no esa sea su intención, su trabajo está salpicado de referencias a todos estos temas.

En la creación de sus piezas utilizan objetos comunes y materiales económicos: el primer proyecto, Exploded View, es una explosión de movimiento desde el centro del cuerpo creado únicamente con papel doblado y pegado, y el segundo, Evolution, es una representación de la evolución humana llevada a cabo con globos y medias de nailon que se cortaron y cosieron a mano.

Haute Trash

www.hautetrash.org

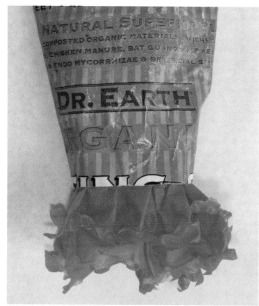

Haute Trash

Haute Trash is a troupe of talented artists based in California and Seattle who create haute-couture pieces made from the garbage that society wastes in order to entertain, educate and motivate others to rethink, reuse, recycle and see in another light our disposable culture in another light. In their runway shows they seek to overthrow the boundaries of stereotypical beauty and fashion using bodies of all shapes, ages and sizes, with a humoristic and satirical viewpoint. Its aim is to develop and produce dramatic art of the highest quality and show it in front of as broad an audience as possible. Thus, yogurt container lids, bags of organic soil or nets in which potatoes are sold replace silk, lycra, or linen in their original creations.

Haute Trash es una tropa de ingeniosos artistas con sedes en California y Seattle que crean piezas de alta costura confeccionadas a partir de la basura que la sociedad desecha con el fin de entretener, educar y motivar a otras personas a repensar, reusar, reciclar y ver de otra manera nuestra cultura del usar y tirar. En sus desfiles de moda buscan derribar las fronteras de la belleza y la moda estereotípicas mostrando cuerpos de todas las tallas, formas y edades, con humor y sátira. Su objetivo es crear y producir arte dramático de la máxima calidad profesional y representarlo frente a un público lo más amplio posible. Tapas de envases de yogur, bolsas de tierra orgánica o la malla en la que vienen las patatas reemplazan a la seda, la licra o el lino en las originales creaciones de este grupo.

Photos: (p. 126) Last of the Lids by Elvira Mental Werks/Haute Trash, © John Cornicello; (p. 127) Austin Powers Suit by Prima Debris/Haute Trash, © Kristie Maxim

Fotografía: (p. 126) Last of the Lids, de Elvira Mental Werks/Haute Trash, © John Cornicello; (p. 127) Traje de Austin Powers, de Prima Debris/Haute Trash, © Kristie Maxim

K. Robbins Originals

www.kellyrobbinsart.com

© Clark Alexander

Hottie Armor, Have a Nice Day

Aluminum cans, black trash bags and duct tape are the main materials used to make these garments. The cans are flattened and cut to obtain 1.30 cm wide strips, which are then interwoven, forming large panels of aluminum "fabric". The parts that form the corset and the waistband of the skirt are then cut up and joined together with duct tape.

Trash bags are treated in two different ways: several are joined together for the skirt, creating a large piece of cloth that is then simply attached to the waistband, while for the corset's black strap, bags are crumpled up and protected by paper wrap—which is later removed—they are ironed until they melt, forming a thick plastic tape that is then cut to size.

Latas de refrescos de aluminio, bolsas de plástico negras y cinta americana son los principales materiales empleados en la confección de estas prendas. Las latas se aplanan y se cortan en tiras de 1,30 cm de ancho que luego se entretejen, formando grandes paneles de «tela» de aluminio. De ahí se recortan las piezas que forman el corsé y la pretina de la falda, y se unen entre sí con cinta americana.

Las bolsas de plástico se tratan de dos maneras diferentes: para la falda se juntan varias, creando una gran tela que luego simplemente se pega a la pretina, mientras que para la tira negra del corsé, se apilan varias bolsas y, protegidas por papel de envolver —que luego se retira—, se planchan hasta que se derriten y forman una cinta gruesa de plástico que luego se corta a la medida.

© Ola Bergengren

In No Time collection

In each of her collections, this Swedish designer creates very personal and experimental pieces that are all based on the same concept: the human body. Sandra is fascinated by the different ways that your natural silhouette can be enhanced, distorted and transformed by clothes and accessories.

For her seventh collection (spring-summer 2008) she wanted to play with the perception of time and to find a way to get a balance between eternity, recycling and innovation, expressed both in the material and the shapes and silhouettes. She chose an item that is not associated with the world of fashion but that represents those concepts—the clothes peg. As usual in her creations, the result looks more like a sculptor's work than a tailor's.

Colección In No Time

Esta diseñadora sueca desarrolla en cada una de sus colecciones trabajos experimentales y muy personales que comparten siempre el mismo punto de partida: el cuerpo humano. A Sandra le fascinan las maneras en que su silueta natural se puede realzar, distorsionar y transformar mediante la ropa y los complementos.

Para su séptima colección (primavera-verano 2008) quiso jugar con la percepción del tiempo y buscar una manera de encontrar un equilibrio entre la eternidad, el reciclaje y la innovación, manifestándolo tanto en el material como en las formas y siluetas. Para ello eligió un elemento que no pertenece al mundo de la moda pero que representa bien dichos conceptos, la pinza de tender, que, como es costumbre en sus proyectos, fue trabajada de una manera más propia de un escultor que de un sastre.

Sandra Backlund

www.sandrabacklund.com

© Laurent Humbert

Ink Blot Test collection

While some people write poems or paint pictures to deal with their afflictions and troubles, Sandra Backlund uses fashion design as therapy, so maybe this collection is inspired by the famous Rorschach test. The stains in this test are created by pouring black ink and a little water on paper which is then folded in half. When opened, the mystery is revealed and you discover the figure that has been created by a symmetric coincidence.

With this dress, both the colors and the geometry bring to mind these stains. The choice of paper as material helps to strengthen this effect, as it creates different volumes and visual textures, leading to different interpretations. What do you see?

Colección Ink Blot Test

Mientras algunas personas escriben poemas o pintan cuadros para tratar sus aflicciones y problemas interiores, Sandra Backlund utiliza el diseño de moda como terapia, por ello quizás esta colección está inspirada en el famoso test de Rorschach. El tipo de manchas que se utilizan en este test se crean derramando tinta negra y un poco de agua sobre un papel que luego se dobla por la mitad. Cuando se abre, se revela el misterio y se descubre qué figura se ha creado por una simétrica casualidad.

En este vestido, tanto los colores como la geometría evocan a estas manchas. La elección del papel como material ayuda a potenciar este efecto, ya que crea diferentes volúmenes y texturas visuales que dan lugar a varias interpretaciones. ¿Tú qué ves?

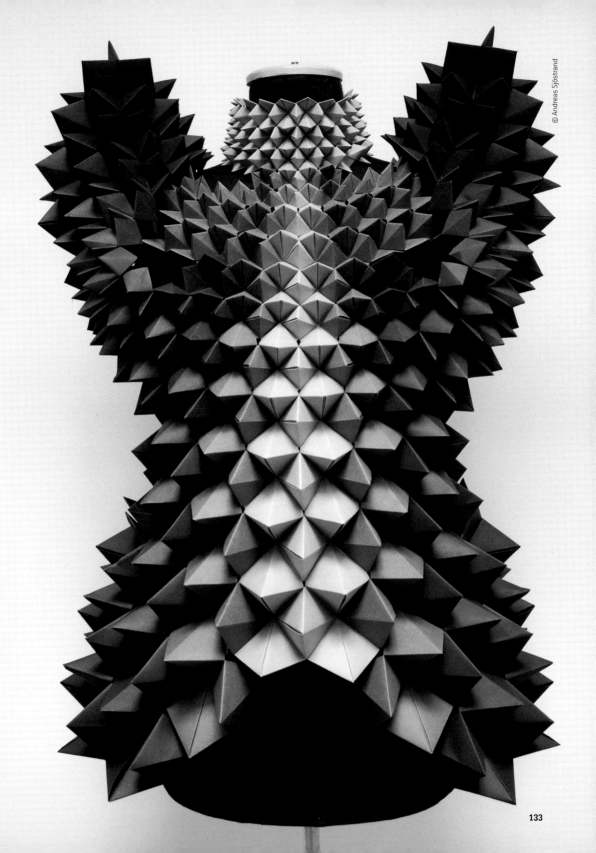

133

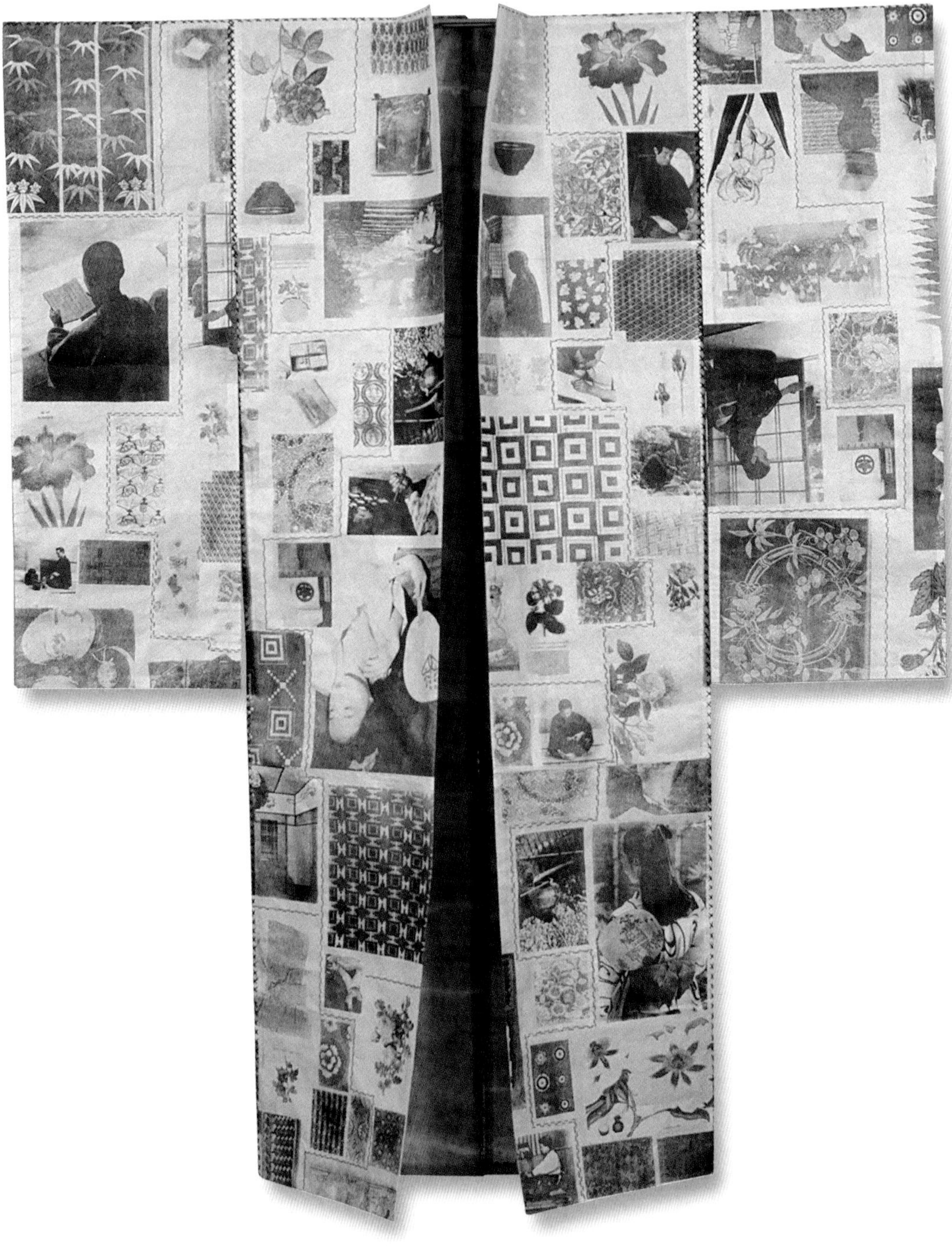

Anne Moreno, Claudia Martínez

moreno.rivilla@gmx.net,
claudiamartineza@gmail.com

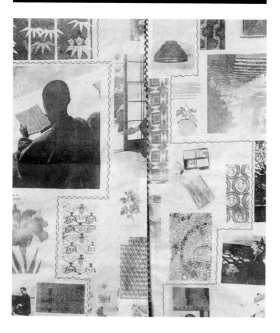

© Julieta Ansalas

KIMONO DE PAPEL

According to these designers, making a paper kimono was a way of paying homage to Japanese culture from a Western point of view. The piece tries to unite Western handicrafts with Eastern craft work.

The outside of the kimono is made of Japanese paper printed with transfers (photocopies applied to paper with solvent) of typical Japanese images of daily life, oriental plants and flowers. The paper on the inside was treated with a black tea dye, using a technique known as *shibori*. Both sides were glued and to make some of the images of the kimono stand out they were embroidered with red cotton thread. The pieces were then joined with a cross stitch, which is widely used for traditional Japanese clothing.

Para estas creadoras, realizar un kimono de papel era una manera de rendir homenaje a la cultura japonesa desde un punto de vista occidental. La pieza intenta unir las manualidades occidentales con el trabajo artesanal oriental. La parte externa del kimono es de papel japonés estampado con *transfers* (fotocopias aplicadas al papel con disolvente) de imágenes típicas niponas de la vida cotidiana, plantas y flores orientales. El papel de la parte interior fue tratado con un tinte de té negro, por medio de la técnica de reserva conocida como *shibori*. Ambas partes fueron encoladas, y, para resaltar, algunas de las imágenes del kimono se bordaron con un hilo rojo de algodón. Luego las piezas se cosieron con punto de cruz, empleado en muchas vestimentas tradicionales japonesas.

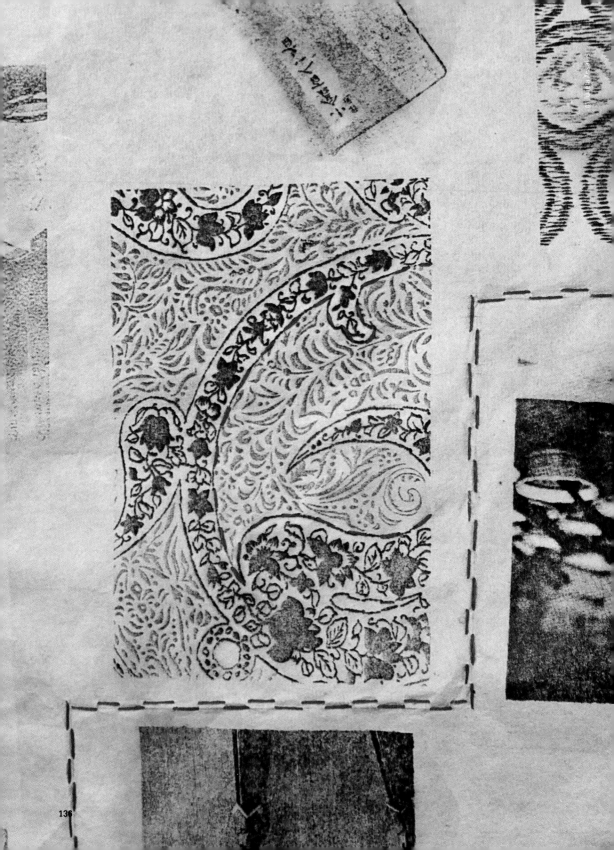

136

Laser sintered dress

In 1999, the industrial designer Jiri Evenhuis created the concept of Rapid Manufactured Textiles, which so far has led to a whole new range of possibilities in the production of materials. Instead of producing cloth per meter, which then has to be sewn and cut when making garments, this concept has the ability to do away with the needle and thread.

Currently specific machines for making layered fabric structures do not exist, FOC uses quick manufacturing techniques such as the laser sintering—which operates with a high intensity laser—to create their pieces, which do not require any assembly and can even be produced directly inside their packaging.

Vestido sinterizado por láser

En 1999 el diseñador industrial Jiri Evenhuis creó el concepto de los tejidos confeccionados rápidamente (*Rapid Manufactured Textiles*), lo que ha desplegado un nuevo abanico de posibilidades en la producción de géneros. En vez de producir las telas por metros para luego coserlas y cortarlas en el momento de hacer las prendas, este concepto tiene la capacidad de dejar obsoletos el hilo y la aguja.

Como en el mundo aún no existen máquinas específicas para la confección por capas de tejidos entramados, FOC emplea técnicas de confección rápida como la sinterización por láser —en la que se emplea un láser de gran intensidad— para la creación de sus piezas, que no necesitan de ningún montaje e incluso pueden ser producidas directamente dentro de su embalaje.

Cat Chow

www.cat-chow.com

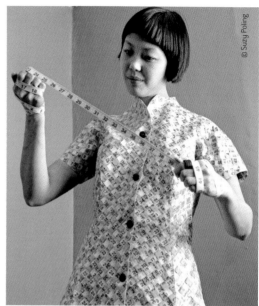

Measure for Measure

The nineteen fifties were characterized as a period in which, after the Second World War, attempts were made to restore normality in the lives of people, even to the point of seeking perfection, even if it was only for show. In order to represent the struggle of normal women to live up the standards that society demands, and to try to make it up to themselves and to their bodies, Cat Chow has created a dress made from plastic colored tape measures, using the typical pattern of a 1950s housewife's dress. To create the "fabric", she has woven the tape measures—maintaining a color and number uniformity—which she has then sewn one by one to maintain the structure without using glue.

La década de los cincuenta se caracteriza por ser un período en que, tras la segunda guerra mundial, se intenta recobrar la normalidad en la vida de las personas, llegando incluso al punto de buscar la perfección, aunque ésta sólo sea aparente. Para representar la lucha de las mujeres cotidianas por estar a la altura de los estándares que la sociedad les exige, y con la intención de que se reconcilien consigo mismas y con sus cuerpos, Cat Chow ha confeccionado este vestido con metros plásticos de colores, tomando como patrón un diseño típico del ama de casa de los años cincuenta. Para crear la «tela» ha entretejido los metros —procurando mantener un ritmo cromático y numérico— que luego ha cosido uno a uno para poder mantener la estructura sin utilizar pegamento.

Jum Nakao

www.jumnakao.com.br

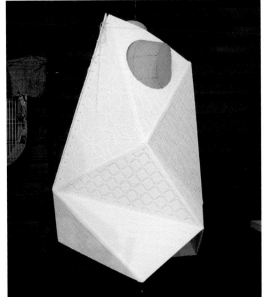

© Divulgação

OI

For the launch of OI in Sao Paulo a film about the history of fifty years of fashion in Brazil was shown, but instead of projecting it on a normal curtain, Jum Nakao was asked to design a piece on which it could be shown. And so these irregular-faced multi-prismatic dresses were born, which allow the movie to be viewed in a different light and whose volumes are associated with the concepts of industry, speed and technology, which play such big parts on our current hybrid culture.

To make the pieces, first the construction lines are mounted with rods directly on the mannequin, which allows each face to be molded separately. Following these patterns, the corrugated plastic is cut out; they are joined together and are finally coated with textured wallpaper.

Para el lanzamiento de OI en São Paulo se exhibió una película sobre la historia de los cincuenta años de la moda en Brasil, pero en vez de proyectarla sobre un telón normal, se le pidió a Jum Nakao que diseñara alguna pieza donde pudiera hacerse. Así nacen estos vestidos multiprismáticos de caras irregulares que permiten una visión diferente de la cinta y cuyos volúmenes asocian los conceptos de industria, velocidad y tecnología, tan presentes en nuestra híbrida cultura actual.

En la fabricación de las piezas, primero se montan con varillas las líneas de construcción directamente sobre el maniquí, lo que permite obtener los moldes de cada cara por separado. Siguiendo esos patrones, se recortan en plástico corrugado, se unen y, para acabar, se revisten con papel tapiz texturizado.

Angelos Bratis

www.angelosbratis.gr

© Efthis Andreadakis

Paper Dress

The dress was commissioned for the RRRIPP!!! Paper Fashion exhibition, where this designer was asked to create his own design out of an original 60s paper dress.

The dress was flat, with the typical A-line of these years and with a sort of tribal black and white print. As all Bratis creations are linked to the idea of movement and volume, he decided to do away with all the white parts of the pattern so the dress had a sort of 3-D effect. This took two weeks of delicate work, after which the result was a very fragile and wonderful black dress. On the inside, he placed a cloud of white silk tulle to give volume and to maintain transparency and silver ribbons to create a play of lights.

Vestido de papel

El vestido fue realizado como un encargo para la exposición «RRRIPP!!! Paper Fashion», donde se le pidió a este diseñador que a partir de un vestido de papel original de los sesenta creara un diseño propio.

El vestido era plano, con la típica campana de la época y estampado con una especie de tribal en blanco y negro. Como las creaciones de Bratis siempre han estado relacionadas con el movimiento y el volumen, decidió sacar todas las zonas blancas del estampado para que el vestido pudiera adquirir tridimensionalidad. Esto supuso dos semanas de un trabajo delicadísimo, tras las que obtuvo un vestido negro muy frágil, maravilloso. En su interior colocó una nube de tul de seda blanco, para dar volumen y para mantener la transparencia, y cintas plateadas para crear un juego de luces.

Fernando Brízio

fernandobrizio.com

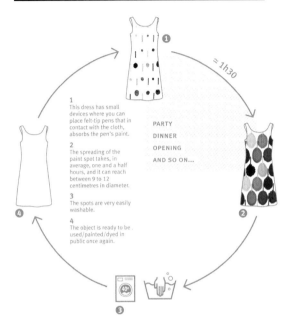

1
This dress has small
devices where you can
place felt-tip pens that in
contact with the cloth,
absorbs the pen's paint.

2
The spreading of the
paint spot takes, in
average, one and a half
hours, and it can reach
between 9 to 12
centimetres in diameter.

3
The spots are very easily
washable.

4
The object is ready to be
used/painted/dyed in
public once again.

PARTY

DINNER

OPENING

AND SO ON...

≈ 1h30

Restarted Dress

This dress is similar to the old palimpsests, as it can be changed, erased and rewritten as many times as desired. The original tablet is, in this case, a white cloth with several small pockets. Markers are placed in these pockets and when they touch the fabric their ink runs and forms circles that gradually grow, reaching a maximum diameter of 9 to 12 cm. Therefore, the wearer is the person who decides the design of the garment—depending on the markers they choose and how to distribute them, making as many stains as they wish, and then with just one wash the garment will be white again.

The metamorphosis of this garment during an act makes it a public event: those present are witnessing the transformation of a white object into a colored one.

Vestido Restarted

Este vestido es similar a los antiguos palimpsestos, ya que puede ser modificado, borrado y reescrito cuantas veces se desee. La tablilla original es, en este caso, una tela blanca que cuenta con varios bolsillos pequeños. En ellos se introducen rotuladores que, al tocar la tela, desprenden su tinta y forman círculos que van creciendo gradualmente hasta alcanzar un diámetro máximo de entre 9 y 12 cm. Por lo tanto, el usuario es quien decide el diseño del vestido en función de los rotuladores que elija y de como los disponga, y puede hacer tantos topos como quiera: con un simple lavado el vestido volverá a ser blanco.

La metamorfosis de esta prenda durante un evento lo convierte en un suceso público: los presentes son testigos de la transformación de un objeto blanco en uno colorido.

147

Hye Yoo Mi

www.hyeyoomi.com

Second HairDo

This is an exclusive collection of hats that the artist Hye Yoo Mi designs with 100% synthetic hair extensions, a material that she has worked with since 2004.

These hats are real sculptures that people can use to adorn their natural hair or to conceal the lack of it. The collection has twenty different pieces, made with different shades of hair color. The manner in which the extensions have been braided and held together gives the fabric and sculptures an organic look, and makes the structure strong enough yet at the same time flexible enough so that it can adapt to any head without losing its original shape. In this way, each person can create their personal look when wearing them.

Esta es una colección de exclusivos sombreros que la artista Hye Yoo Mi crea con extensiones de pelo 100% sintético, material con el que trabaja desde el año 2004.

Estos sombreros son verdaderas esculturas con las que la gente adorna su cabello natural y que también sirven para disimular la falta de él. La colección cuenta con veinte piezas diferentes, hechas con distintos tonos de color de cabello. La manera en que las extensiones se han trenzado y unido entre sí les da a las esculturas ese aspecto tejido y orgánico, y hace que la estructura sea lo suficientemente resistente y a la vez flexible para que se pueda ajustar a una u otra cabeza sin perder su forma original. De esta manera, cada persona podrá crear su *look* personal al usarlos.

creaRte

www.artecrearte.com

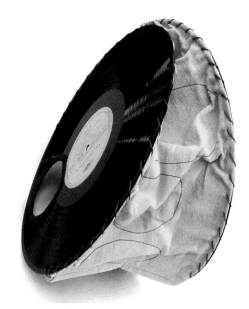

Vinyl Handbag

More than just a brand, creaRte is a philosophy that stems from the idea of starting to care for the planet, to recycle more, to learn how to reuse things that are in disuse, and provide new forms, new designs, new applications etc. The creator puts everything conventional aside and rummages through what people throw away every day, finding treasures with which she later works, creates, laughs and has a ball. The result is beautiful objects like these bags made from old vinyl discs.

Although the ideal thing is to create one hundred percent recycled pieces, in some cases it is not possible to finish them off with collected material—the aim is to produce quality, durable items—and therefore she also adds new elements such as fabrics or zippers.

Bolso de vinilo

Más que una marca, creaRte es una filosofía que nace de la idea de comenzar a cuidar el planeta, de empezar a reciclar más, de aprender a reutilizar cosas que están abandonadas y darles nuevas formas, nuevos diseños, nuevos usos. La creadora deja a un lado todo lo establecido, se anima a revolver entre lo que la gente tira diariamente y encuentra tesoros con los que posteriormente trabaja, crea, ríe y se lo pasa en grande. El resultado son preciosos objetos como estos bolsos hechos con antiguos vinilos.

Aunque lo ideal es crear piezas cien por cien recicladas, en algunos casos no es del todo posible terminarlas sólo con el material recogido —el objetivo es hacer también cosas de calidad que perduren—, por lo que se incorporan elementos nuevos como telas o cremalleras.

Valentim Quaresma

www.valentimquaresma.com

© Paulo Castanheira

Work in Progress

This collection by Portuguese Valentim Quaresma is a fusion of technology and mechanical elements with which he creates accessories that appear to have been created by nature. The ultimate aim is to convey the feeling that each piece is in constant evolution and metamorphosis: as nature and time are the factors that influence the development of organic life, in these pieces this progress is obtained with a small mechanical help.

He also wanted to highlight the contrast between past and future with the chosen materials for the collection. On the one hand, rust represents the past—and it gives a post-destructive feel to the collection—and the other hand, silver represents the future.

Esta colección del portugués Valentim Quaresma es una fusión de elementos tecnológicos y mecánicos con los que construye complementos que parecen haber sido creados por la naturaleza. El objetivo final es transmitir la sensación de que cada pieza está en constante evolución y metamorfosis: así como la naturaleza y el tiempo son los factores que influyen en el desarrollo de la vida orgánica, en estas piezas ese progreso se obtiene con una pequeña ayuda mecánica.

También ha querido subrayar el contraste entre el pasado y el futuro con los materiales escogidos para la colección. Por una parte está el óxido, que representa el pasado —y les da además un aire posdestructivo a las piezas— y por la otra, la plata, que representa el futuro.

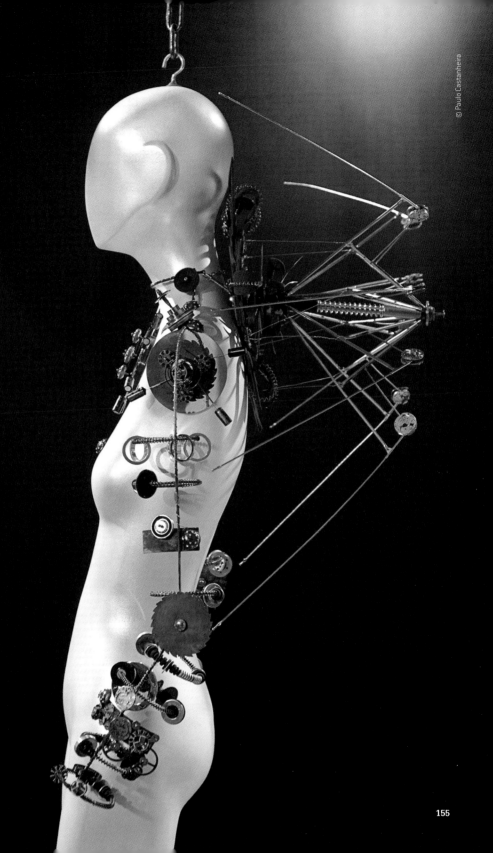

155

Vassilis Zidianakis

Artistic director of ATOPOS and curator and artistic director of RRRIPP!!! Paper Fashion

Director artístico de ATOPOS y comisario y director artístico de «RRRIPP!!! Paper Fashion»

Vassilis Zidianakis is a fashion curator who has been in charge of Ptychoseis=Folds+Pleats. Drapery from Ancient Greek Dress to 21st Century Fashion exhibition, on the occasion of the Olympic Games in Athens 2004, and RRRIPP!!! Paper Fashion, which has been shown at the Benaki Museum, Athens 2007, Mudam, Luxembourg 2008, MoMu, Antwerp 2009 and Design Museum/Bellerive, Zurich 2010. He is currently working on his upcoming publication about the phenomenon of contemporary characters in fashion in collaboration with Pictoplasma.

What is ATOPOS?

Atopos means literally in ancient Greek: out of place, and so, strange, unwonted, extraordinary, eccentric, unnatural, disgusting, foul, marvellous or absurd. These are all the adjectives that can describe an innovative and avant-garde idea or action! ATOPOS is the name of the creative team behind the Athens-based, non-profit cultural organization that I co-founded along with Stamos Fafalios in 2003. We have been working in order to bring modern technologies together with fashion, design and contemporary art. ATOPOS operates as an international, cultural think-tank, as well as an experimental forum for visual culture. Our latest example is the RRRIPP!!! Paper Fashion exhibition. Paper clothing phenomenon is... *atopos*!

Why did you decide to make the RRRIPP!!! Paper Fashion exhibition?

ATOPOS team had started to work on an idea based on innovative materials, technology and fashion that is related to this book. During our research process we discovered with much excitement the disposable 60s paper dresses. Suddenly we realized that in front of us there was not only an innovative material such as paper and paper-like materials but a whole fad phenomenon that was born and became enormous very quickly because of these innovative materials. We decided that instead of making the scheduled exhibition we should create RRRIPP!!! Paper Fashion!

Who are some of the designers that have participated?

Issey Miyake, Walter Van Beirendonck and Dirk Van Saene, Angelos Bratis, Jean Paul Lespagnard, Hussein Chalayan, Hiroaki Ohya, Ioannis Dimitrousis, Yiorgos Eleftheriades, AF Vandevorst, Maurizio Galante, Bas Kosters, Helmut Lang, Bless, Aurore Thibout, Kosuke Tsumura, Philip Tracey, John Galliano, Jean-Charles de Castelbajac, Paco Rabanne, Sandra Backlund, Andrea Ayala Closa, Ying Gao and many more!

Do you believe paper garments are an artistic thing or more like a fashion/wearable thing?

The most important for me about paper garments is the wearable and not the artistic thing. The fact that the disposable 60s paper dresses had been worn, even once, is what makes them so fascinating and interesting! The paper dresses of the 60s prove the importance of the wearable aspect. The same is true for other kinds of paper clothes in the history of garments, like the Japanese pieces from the Edo period.

The Souper Dress, after Warhol, detail, USA 1968. Launched by Campbell's Soup Company for the promotion of its vegetable soup. Photo: Panos Davios © ATOPOS collection, Athens

Vassilis Zidianakis es el comisario de moda que se ha encargado de las exposiciones «Ptychoseis=Folds+Pleats. Drapery from Ancient Greek Dress to 21ˢᵗ Century Fashion», con motivo de la celebración de los Juegos Olímpicos de Atenas de 2004, y «RRRIPP!!! Paper Fashion», que presentó en el Museo Benaki de Atenas en 2007, en el Mudam de Luxemburgo en 2008, en el MoMu de Amberes en 2009 y en el Museo de Diseño Bellerive de Zúrich en 2010. En la actualidad trabaja en su próxima publicación, relacionada con el fenómeno de los personajes contemporáneos en la moda, en colaboración con Pictoplasma.

¿Qué es ATOPOS?

En griego clásico, *atopos* significa literalmente «fuera de lugar» y se aplica también a todo aquello que es extraño, insólito, extraordinario, excéntrico, no natural, vergonzoso, ordinario, asombroso o absurdo, es decir, todos los adjetivos que pueden describir una idea o acción innovadora y vanguardista. ATOPOS es el nombre del equipo creativo que se encuentra detrás de la organización cultural sin ánimo de lucro con sede en Atenas que fundé junto a Stamos Fafalios en 2003. Hemos trabajado para aunar las nuevas tecnologías, la moda, el diseño y el arte contemporáneo. Funciona como un grupo de reflexión internacional y cultural, y como un foro experimental para la cultura visual. Nuestro último ejemplo es la exposición «RRRIPP!!! Paper Fashion». El fenómeno de la ropa de papel es... ¡*atopos*!

¿Por qué decidió llevar a cabo la exposición «RRRIPP!!! Paper Fashion»?

El equipo de ATOPOS había empezado a trabajar en torno a una idea basada en materiales innovadores, tecnología y moda que está relacionada con este libro. Durante nuestro proceso de investigación descubrimos con entusiasmo los vestidos de papel de los años sesenta. De repente, nos dimos cuenta de que teníamos ante nosotros no sólo un material innovador como el papel y similares, sino todo un fenómeno de una moda pasajera que surgió y creció muy rápidamente debido a estos materiales innovadores. Decidimos que, en vez de llevar a cabo la exposición que teníamos programada, debíamos crear «RRRIPP!!! Paper Fashion».

¿Qué diseñadores han participado?

Issey Miyake, Walter van Beirendonck y Dirk van Saene, Angelos Bratis, Jean Paul Lespagnard, Hussein Chalayan, Hiroaki Ohya, Ioannis Dimitrousis, Yiorgos Eleftheriades, AF Vandevorst, Maurizio Galante, Bas Kosters, Helmut Lang, Bless, Aurore Thibout, Kosuke Tsumura, Philip Tracey, John Galliano, Jean-Charles de Castelbajac, Paco Rabanne, Sandra Backlund, Andrea Ayala Closa, Ying Gao y muchos más.

¿Cree que las prendas de papel son arte u objetos de moda «vestibles»?

Para mí el aspecto más importante de las prendas de papel es la vestibilidad y no el fin artístico. El hecho de que los vestidos de papel desechables de los sesenta se llevaran puestos, aunque fuera una sola vez, es lo que los hace tan fascinantes e interesantes. Esos vestidos de papel demuestran la importancia de la vestibilidad, lo que también ocurrió en otros tipos de prendas de papel de la historia de la moda, como las piezas japonesas del período Edo.

Detalle del Souper Dress, inspirado en la obra de Warhol. Estados Unidos, 1968. Lanzado por la empresa de sopas Campbell para la promoción de su sopa de verduras.
Fotografía: Panos Davios © colección ATOPOS, Atenas

RRRIPP!!! Paper Fashion, Mudam Luxembourg (Musée d'Art Moderne Grand-Duc Jean) 11 October 2008 – 2 February 2009. Photo: © Andrés Lejona
«RRRIPP!!! Paper Fashion», Mudam Luxemburgo (Musée d'Art Moderne Grand-Duc Jean) 11 de octubre de 2008 – 2 de febrero de 2009. Fotografía: © Andrés Lejona

163

Clothing does not merely serve to cover ourselves up or to keep us warm, it says a lot more. It is commonsense that nowadays we take advantage of technological advances—which have brought many benefits to other fields such as medicine, industry and architecture—to create garments with an added value allowing us to, for example, listen to music, find our bearings, protect ourselves from the environment or simply play.

La ropa es algo que no sólo sirve para cubrirse o abrigarse, sino que transmite mucho más. Es lógico entonces que hoy en día se aprovechen los avances tecnológicos —que tantos beneficios han aportado a otros campos como la medicina, la industria o la arquitectura— para crear prendas con un valor agregado que permitan, por ejemplo, escuchar música, orientarse, protegerse del entorno o simplemente jugar.

TECHNOLOGY FOR YOUR BODY
TECNOLOGÍA PARA TU CUERPO

**Vincent LeClerc,
Joanna Berzowska**

vincentleclerc.com, xslabs.net

© Kate Kunath

Accouphène

This particular tuxedo is decorated with thirteen soft speakers, embroidered in the shape of a coil with highly conductive yarns. The coils are connected to a central circuit which pulses energy through the coils. When the sleeve of Accouphène—which has an embedded magnet— runs over the coils, sounds are generated. It creates a surrounding sonic environment around the human body that can be activated and modulated through the movement of the hand.

When the speakers are activated, they generate a weak magnetic field that reacts to the strong magnet positioned in the close proximity to the fabric. The magnet's strength and its distance from the embroidered coil will determine the amplitude of sounds.

Este particular esmoquin sonoro está decorado en su parte frontal con trece altavoces, bordados en forma de espirales con un hilo altamente conductor. Las espirales están conectadas a un circuito central que a través de ellas envía pulsaciones de energía. Esto produce que cuando la manga de Accouphène –que tiene cosido un imán– pasa sobre las espirales, se generan sonidos, creando un envolvente ambiente sónico alrededor del cuerpo humano que se puede activar y modular con el movimiento de la mano.

Esto se explica porque al activarse los altavoces, generan un pequeño campo magnético que reacciona con el potente imán que se ha acercado a la tela. La amplitud de los sonidos dependerá de la potencia del imán y de la distancia a la que se encuentre de la espiral bordada.

Karina Michel

lunaquebrada@gmail.com

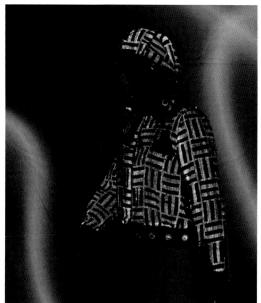

© Tim Isom

BrightBlack

This sweatshirt is part of the BrightBlack collection that Karina Michel has designed for the California College of the Arts, named after the California-based folk band Brightblack Morning Light. The whole collection, inspired by graffiti culture, perfectly combines the sophistication of textile techniques with casual sportswear.

The outer layer of the sweatshirt is silk velvet, on which Karina printed the geometric pattern that she had designed and then manually burned to remove the "hairs" of the garment in order to obtain semitransparent areas. Under this layer, she placed a fabric with Luminex® that emits light, so the velvet layer lights up and the subtle details of the print can be appreciated.

Esta sudadera es parte de la colección BrightBlack (llamada así en honor de la banda californiana de folk Brightblack Morning Light) que Karina Michel ha diseñado para el California College of the Arts. Toda la colección, inspirada en la cultura del grafiti, combina de una manera muy acertada la sofisticación de técnicas textiles y el carácter informal de la ropa deportiva.

La capa exterior de la sudadera es de terciopelo de seda, sobre el cual Karina estampó el patrón geométrico que había diseñado y que luego quemó a mano para eliminar los pelos de dicha figura y obtener así zonas de semitransparencia. Bajo esta capa colocó una tela con Luminex® que emite luz, con lo que la capa de terciopelo se ilumina y se pueden apreciar los sutiles detalles del estampado artesanal.

Stijn Ossevoort

www.coroflot.com/stijn_ossevoort

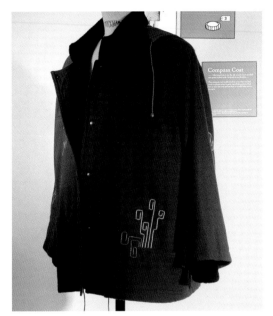

© Ivan Gasparini

Compass Coat

The compass is one of the oldest navigation tools and since its invention circa 100 BC it has not changed much in size or shape. That was until one was integrated into this coat. The coat contains 24 sections that can light up individually, using Electro Luminescent wires. The section that points north lights up, thus allowing the wearer to find their bearings.

This garment is part of a research project that demonstrated the importance of user involvement from the early stages of the design process of an object: it was one of the twenty stories that different people wrote about what would be their ideal garment with technology incorporated.

Chaqueta Compass

La brújula es una de las herramientas más antiguas para la navegación y, desde que se inventó, cerca del año 100 a. C., no ha variado mucho en tamaño y forma. Esto era así hasta ahora, cuando se ha integrado una en esta chaqueta, en la que el norte se hace visible en forma de destello luminoso: cuando uno de los 24 cables electro-luminiscentes que incorpora el abrigo indica el norte, se enciende y quien la viste puede orientarse.

Esta prenda es parte de un proyecto de investigación que demuestra la importancia de la participación del usuario desde las primeras etapas del proceso de diseño de un objeto: surgió de una de las veinte historias que distintas personas escribieron sobre cuál sería su prenda con tecnología incorporada favorita.

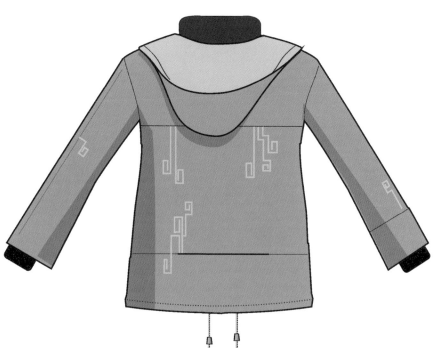

Studio 5050

www.5050ltd.com

Embrace-Me

On the front of this canvas sweatshirt there has been printed a graphic pattern (an abstraction of the collection's logo) with a futuristic conductive fabric. When two people wearing the sweatshirt embrace, they both light up through this pattern. The symbolic transfer of energy is instant and the embrace becomes an explosion of light and sound. On the back of the hoodie small white lights in the form of a roller coaster flash, while listening to the beating of a heart.

The design of the sweatshirts is inspired by the way old Siberian hooded coats were made. They are also available in a bamboo fabric similar to cashmere, which is even more huggable.

Photos: © Nick James. Model: Paz. © Studio 5050, 2007-2008

En la parte delantera de esta sudadera de lona se ha hecho un patrón gráfico (una abstracción del logo de la colección) con una futurista tela conductora. Así, cuando dos personas que visten la sudadera se abrazan, se encienden la una a la otra por medio de este dibujo. La transmisión simbólica de energía se completa instantáneamente y el abrazo se convierte en una explosión de luz y sonido, pues en la parte posterior de la sudadera parpadean pequeñas luces blancas en forma de montaña rusa, mientras se oyen los latidos de un corazón.

El diseño de las sudaderas está inspirado en la manera en que se construían los antiguos abrigos siberianos con capucha, y además de en lona, se pueden encontrar también en un tejido de bambú similar a la cachemira aún más *abrazable*.

Fotografía: © Nick James. Modelo: Paz. © Studio 5050, 2007-2008

Francesca Granata

fashionprojects.org

Fendi Ghetto Blaster

Currently, the picture of a large portable radio on someone's shoulder is a sight solely reserved for underprivileged neighborhoods. Francesca Granata has converted an original 70s Fendi bag—a sign of pure elegance—into one of these radios in a humoristic criticism of this image.

The first time that it was used was at a performance held in New York's Central Park called *Pierre Bourdieu Goes to Town*, where it reproduced music by King Kong, a rock band from Louisville. This revival of an almost obsolete piece of technology that in the seventies and eighties was popularly known as a ghetto blaster serves on this occasion as a tool to explore a critical discourse on class and luxury.

Actualmente, los grandes radiocasetes portátiles que pasean por la ciudad en el hombro de alguien son parte únicamente de paisajes marginales. Como una crítica de este hecho con un toque de humor, Francesca Granata ha convertido un bolso Fendi original de los años setenta, un signo claro de elegancia, en una de estas radios.

Su estreno fue en una *performance* representada en el Central Park neoyorquino llamada *Pierre Bourdieu Goes to Town*, donde reproducía música de la banda de rock de Louisville King Kong. Un *revival* de un aparato tecnológico casi obsoleto que en los años setenta y ochenta fue conocido popularmente como *ghetto blaster* y que en esta ocasión sirvió como instrumento para plantear un discurso crítico sobre clase y lujo.

175

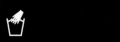

Maggie Orth, Emily Cooper, Derek Lockwood

www.maggieorth.com/art_dress.html

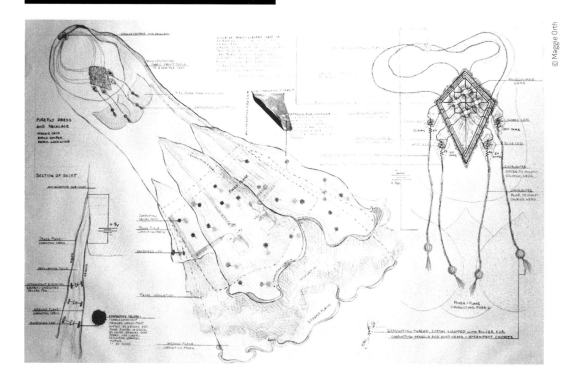

© Maggie Orth

Firefly Dress & Necklace

The skirt of this Firefly dress is composed of two layers of conductive material (power and ground) separated by tulle. LEDs with conductive Velcro brushes are attached to each end and suspended in the tulle. When the wearer moves, the conductive Velcro contacts the conductive fabric, completing the circuit and causing the LEDs to light up.

The necklace gets it power from conductive tassels brushing an embroidered power plane on the front of the dress. Each tassel sends a different amount of current to the necklace, causing the LEDs to flicker and change color.

Vestido y collar Firefly

La falda de este «vestido luciérnaga» (traducción literal del inglés) está compuesta por dos capas de una tela conductora, para conseguir la alimentación y la toma a tierra, separadas entre sí por tul. En los extremos se han unido con cintas de velcro conductoras unos pequeños LED que quedan suspendidos en el tul. Cuando la persona que tiene puesta la falda se mueve, el velcro entra en contacto con la tela y se acciona el circuito eléctrico que enciende los LED.

La luz del collar se activa cuando las borlas, que también son conductoras, rozan una placa eléctrica con bordados que se encuentra en la parte frontal del vestido. Cada borla transmite una cantidad diferente de energía al collar, lo que hace que los LED parpadeen y cambien de color.

Stijn Ossevoort

www.coroflot.com/stijn_ossevoort

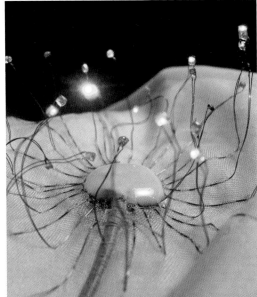

© Alvin Booth

Flare

The ten dandelions embroidered on this silk dress are not just there for decorative purposes: they contain small lights that flash depending on the direction of the wind. When one of these ten flowers notes a gust of wind, the seeds light up and are scattered over the surface of the dress, resembling those of the real flowers that are famous because the wind sends them flying through the air.

Each flower consists of a sensor and 24 small LEDs (the "seeds") assembled on a cable as thick as a strand of hair that lights up when it detects the wind. As each flower is independent, only those in the wind light up, which also serves as an indicator of the direction of the wind and its overall activity.

Los diez dientes de león que están bordados en este vestido de seda no sólo están ahí para adornarlo: tienen pequeñas luces que parpadean en función de los movimientos del viento. Cuando una de estas diez flores percibe una ráfaga, sus semillas iluminadas se esparcen por la superficie del vestido, asemejándose a las de la flor real, que son famosas porque el viento se las lleva y vuelan por los aires.

Cada una de las flores está compuesta por un sensor y 24 pequeños LED, las «semillas», montados en un cable del grosor de un pelo que se encienden al detectar el viento. Como cada flor es independiente, sólo se iluminan aquellas que están de cara a la corriente, lo que además sirve de indicador de la dirección del viento y su actividad general.

Vincent LeClerc

vincentleclerc.com,
eskistudio.com

Frisson

Jewels are inherently public and social pieces that serve as ornaments. Frisson's creator wanted to change the nature of the necklace and created a more private and individual piece that interacts in a private way with the wearer: the wearer can feel how the necklace changes its temperature.

Frisson is made up of a series of individual beads resembling teardrops. Each bead is adorned with a temperature-changing Peltier cell, is electrically and digitally autonomous and can decide to become cold, warm or hot on its own. With such behavior, the necklace produces animated temperature patterns around the wearer's neck, creating an unsettling feeling similar to shivers.

Las joyas son intrínsicamente piezas públicas y sociales que sirven como ornamentos. El creador de Frisson quiso cambiar la naturaleza del collar y creó un artilugio más privado e individualista que interactúa en secreto con quien lo lleva: solamente esa persona puede sentir que el collar está cambiando de temperatura.

Frisson está compuesto por una serie de abalorios individuales con forma de lágrima. Cada pieza está adornada con una célula Peltier que cambia de temperatura y es autónoma tanto eléctrica como digitalmente, por lo que puede decidir de manera independiente si enfriarse, entibiarse o calentarse. Con este comportamiento, el collar produce en el cuello de quien lo usa interesantes y lúdicos patrones térmicos, creando una inquietante sensación similar a los escalofríos.

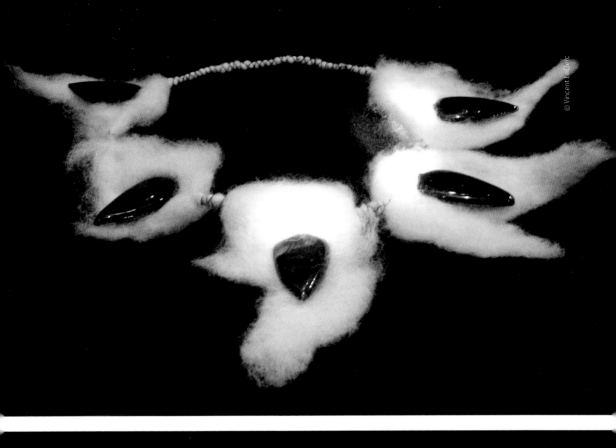

© Vincent LeClerc

181

CuteCircuit

www.cutecircuit.com

GalaxyDress

This elegant evening gown is made of taffeta silk, organza, over twenty-four thousand LEDs of all colors—converting it into the world's largest usable color display garment—and adorned with more than four thousand Swarovski crystals.

LEDs as thin as a sheet of paper were used, which were hand-embroidered into the silk taffeta. Four layers of organza were used over the silk taffeta to defuse the light and to create the feeling of a magical aura around the wearer. The circuits that connect all the lights work with several iPod batteries and were built on an extra-thin flexible surface, factors that enable people to move gracefully, as if it were a normal fabric.

Photos: © JB Spector, Museum of Science and Industry Chicago

Este elegante traje de fiesta está realizado con tafetán de seda, organza y más de veinticuatro mil LED de todos los colores (lo que hace de él la pantalla en color utilizable como prenda más grande del mundo), y está adornado con más de cuatro mil cristales de Swarovski.

En su confección se utilizaron LED tan delgados como una hoja de papel, que fueron bordados a mano en el tafetán. Sobre esta capa se colocaron otras cuatro de organza para difuminar la luz y crear un aura mágica alrededor de la persona que lo lleva puesto. Los circuitos que conectan todas las luces funcionan con varias baterías de iPod y fueron construidos sobre una superficie flexible extrafina, factores que permiten que la persona se mueva con soltura, como si llevase un vestido normal.

Fotografía: © JB Spector, Museo de la Ciencia y la Industria de Chicago

Jenny Chowdhury

jennylc.com

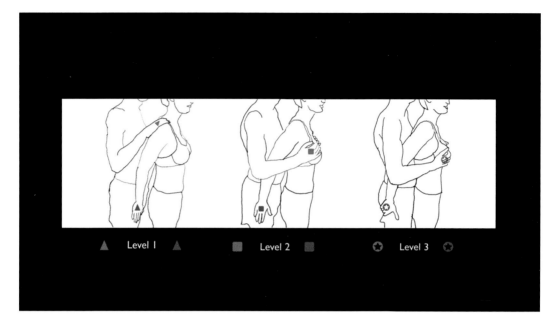

▲ Level I ▲   ■ Level 2 ■   ✪ Level 3 ✪

Intimate Controllers

This is an unusual console to play in couples, touching each other. Players must pass together the different levels of the game and increase the degree of intimacy at each stage. This project was developed to research the world of videogames and to create something that challenges the traditional notions and preconceptions of these videogames.

The console consists of two fabric controls: a bra for her and a pair of underpants for him. Each has six flexible sensors incorporated, placed in different parts of the garments, to achieve different levels of intimacy. The electronic system uses Arduino microcontrollers, XBee modules and force sensitive resistors (FSR).

Esta es una inusual consola para jugar en pareja, tocándose el uno al otro. Los participantes deben superar juntos los niveles del juego, que en cada fase exige una mayor intimidad en las posturas. El proyecto se desarrolló con el propósito de investigar el mundo de los videojuegos y crear un objeto que desafiara la orientación y las nociones tradicionales de éstos.

La consola consiste en dos mandos de tela: un sujetador para el jugador femenino y unos calzoncillos para el masculino. Cada uno tiene incorporado seis sensores flexibles dispuestos en diferentes puntos de las prendas que indican los distintos niveles de intimidad. En el sistema electrónico se han utilizado microcontroladores Arduino, módulos Xbee y resistencias sensibles a la fuerza (FSR).

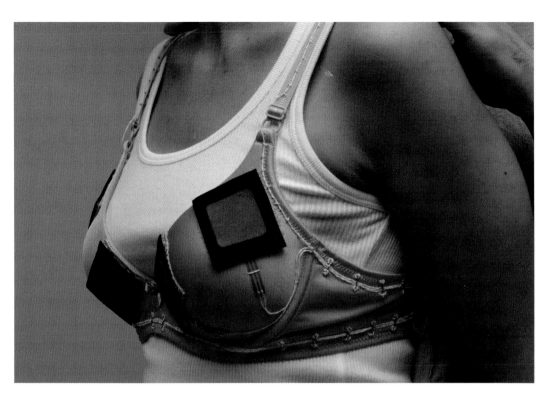

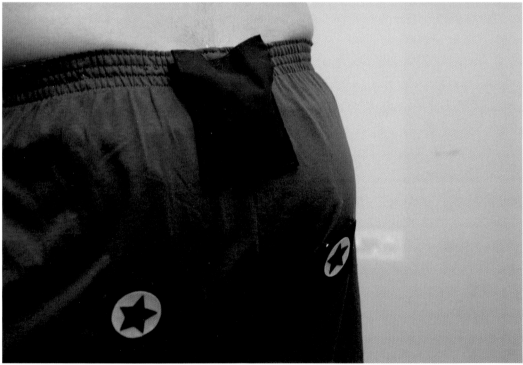

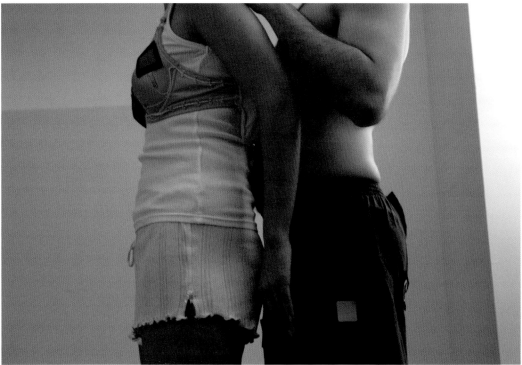

Barbara Layne

subtela.hexagram.ca

© Mikey Siegel

Jacket Antics

Jacket Antics are two garments that have unique texts and designs scrolling through the LED array on the back. If the two wearers hold hands, the LED arrays presents a third, synchronous message that scrolls from one to the other, presenting a new communication pattern. When the wearers let go of their hands, the message reverts back to the individual themes. The capacity for interactivity in the animated cloth displays extends the narrative qualities of fabric and provide new possibilities for dynamic social interaction.

Traditional black linen yarns are woven alongside light emitting diodes, microcontrollers and sensors to create a fabric that is a flexible circuit of integrated components.

Cazadora Antics

Jacket Antics es un set compuesto por dos prendas, cada una con mensajes y diseños únicos que se dibujan en el sistema de LED que tienen en la espalda. Pero cuando los dos usuarios se toman de las manos, los LED presentan un tercer mensaje sincronizado que se mueve de una prenda a la otra, presentando un nuevo patrón de comunicación. Si los usuarios se sueltan las manos, los mensajes vuelven a ser los individuales. La capacidad de interactividad de este conjunto amplía las cualidades expresivas de la moda y plantea nuevas formas de interacción social dinámica.

En su confección, se ha utilizado hilo negro tradicional de lino, que ha sido tejido a mano con diodos que emiten luz, microcontroladores y sensores para crear una tela que es un circuito flexible de componentes integrados.

Christian Dils, Mareike Michel, Manuel Seckel, René Vieroth

www.izm.fraunhofer.de, www.stretchablecircuits.com, www.stella-project.eu

© Christian Rose/Fraunhofer IZM

Klight

In order to apply SCB technology (a motherboard that can stretch) to the so-called intelligent fabrics, an interdisciplinary group has designed Klight, a dress that transforms the movement pattern of the body into a pattern of light. To do so, a large SCB area has been equipped with 32 white LEDs, an accelerometer (which measures the vibrations) and a controller unit.

The design embodies the change that is occurring in the field of textiles that integrate technology, where the aesthetic is increasingly being taken into account. In this particular case, the technological components were placed on the inside of an elegant and feminine dress, and covered with several layers of draped transparent blue cotton batiste.

Con el fin de aplicar la tecnología SCB (una placa base que se puede estirar) a los llamados «tejidos inteligentes», un grupo interdisciplinario ha diseñado Klight, un vestido que transforma el patrón de movimiento del cuerpo en un patrón de luz. Para ello, se ha equipado una gran área de SCB con 32 LED blancos, un acelerómetro (para medir las vibraciones) y una unidad controladora.

El diseño plasma el cambio que se está produciendo en el campo de los tejidos que integran tecnología, donde el aspecto estético se tiene cada vez más en cuenta. En este caso en concreto, los componentes tecnológicos fueron colocados en la parte interior de un elegante y femenino vestido, y se cubrieron con varias capas drapeadas de batista de algodón transparente color azul.

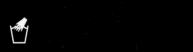

Leah Buechley

web.media.mit.edu/~leah/

LilyPad Arduino

LilyPad Arduino is a set of electronic components that can be sewn to fabrics and is washable. It allows the user to create a simple interactive piece of clothing, without being a computer genius or an expert on new technologies. To do this, a kit has been developed that includes all the LilyPad sensors and actuators required to do so. Individual pieces can also be bought, the fundamentals are the LilyPad Mainboard—which is a circle of 5 cm in diameter—the FTDI Basic Breakout (FTDI board), conductive thread and power supply.

So in a few simple steps, and thanks to the online tutorial, you can also have an illuminated sweatshirt just like the one in the image.

LilyPad Arduino es un set de componentes electrónicos que se pueden coser y lavar y que permiten al usuario crear de una manera sencilla una pieza de ropa interactiva sin ser un genio de la informática ni un experto en nuevas tecnologías. El kit incluye todos los sensores y placas accionadoras LilyPad necesarios, que también se pueden adquirir por separado. Los componentes fundamentales son la LilyPad Mainboard —la placa principal, que es un círculo de 5 cm de diámetro—, la FTDI Basic Breakout (placa FTDI), un carrete de hilo conductor y la fuente de alimentación.

Es así como en pocos pasos, y gracias al manual que se encuentra en línea, se puede conseguir una sudadera con señalización luminosa como la de la imagen.

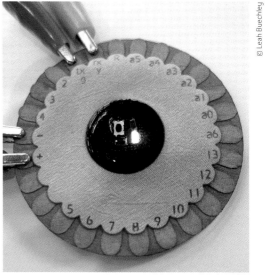

Indarra.DTX

www.indarradtx.com

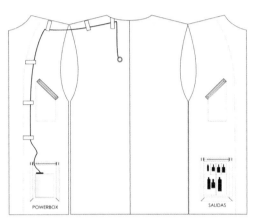

© Julieta Gayoso

Módulo FV Jacket

The technology incorporated into this jacket can save up to one hundred alkaline batteries in a year. It has a removable, semi-flexible and lightweight photovoltaic module that transforms sunlight into electricity: clean, sustainable and mobile energy for personal daily use.

The solar panel is made up of networks of semi-flexible amorphous silicon cells arranged in three fine layers with a thin-film technology that allows a lower mass and a greater range of light capture. A conductive fabric tape is attached to a Powerbox, a battery/stabilizer (Li-Ion) that stores and stabilizes the load of the photovoltaic module, allowing to adjust the output voltage of the current (5-6 V).

Chaqueta Módulo FV

Esta es una chaqueta que, gracias a la tecnología que integra, permite ahorrar hasta cien pilas alcalinas en un año. Cuenta con un módulo fotovoltaico desmontable, semiflexible y ultraligero que convierte la luz del sol en corriente eléctrica: energía limpia, sostenible y móvil de uso personal diario.

El panel solar está formado por redes de células semi-flexibles de silicio amorfo dispuestas en finas láminas de triple ensamble, con una delgada película electrónica que permite una menor masa y una mayor captación de luz. A través de una cinta textil conductora se conecta a una Powerbox, una batería/estabilizador (Li-Ion) que almacena y estabiliza la carga del módulo fotovoltaico, lo que permite ajustar el voltaje de salida de la corriente (5-6 V).

196

Music and Sons

www.musicandsons.it

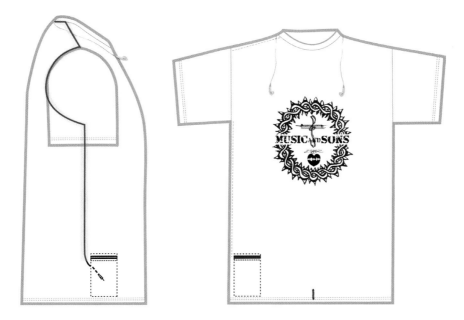

MP3 Music T-Shirts

Many (varied) people walk down the street with their earphones connected to their MP3 player or mobile phone. With this in mind, this project integrating fashion, music, new trends and technology has been developed in order to "dress music" and enjoy "music on the go" without annoying cables and leaving hands free.

A cable has been sewn to the T-shirt that starts at the back of the neck, where the earphones are connected—which may be the user's own or designed especially by Music and Sons, allowing greater freedom of movement—, down the side and connects to the device in the pocket. This cable is washable, invisible from the outside and does not interfere in the comfort of the garment.

Camisetas con música MP3

Mucha gente (y muy diversa) camina por la calle con auriculares, conectada a su reproductor de música o a su teléfono móvil. Con esa observación en mente, se ha desarrollado este proyecto que integra moda, música, nuevas tendencias y tecnología, con el fin de «vestir la música» y «llevarla» cómodamente, sin cables por todas partes y sin tener que ocupar las manos.

A las camisetas se les ha cosido un cable que empieza en la parte trasera del cuello, donde se conectan los cascos (que pueden ser los que el usuario ya tenía o los diseñados especialmente por Music and Sons, que consienten una gran libertad de movimiento), baja por el costado y llega a un bolsillo, donde se conecta el dispositivo. Este cable es lavable, invisible desde el exterior y no resta comodidad a la prenda.

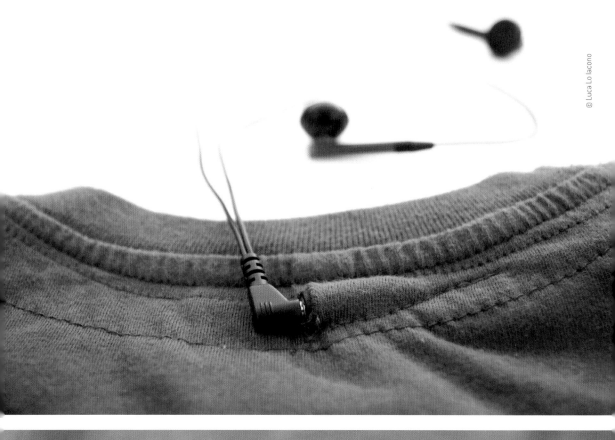

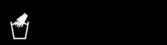

Jane Palmer, Marianne Fairbanks

www.noonsolar.com

© Matt Kellen

© John Sturdy

Noon Solar

These bags incorporate flexible solar panels that store the sun's energy in a battery weighing only 100 g which is inside the bag. Due to the design of the panels, they can be recharged by sitting close to a window or while traveling by car. This energy allows you to charge both your mobile phone and MP3 player.

The other materials used to make the bags are completely biodegradable and environmentally-friendly. The founders of the brand hand-dye each of bags with natural products—they are one of the few U.S. companies that do so in mass production—and to create the textures and graphic designs, they use the Japanese dyeing method called *shibori*.

Estos bolsos incorporan paneles solares flexibles que almacenan la energía del sol en una batería de 100 g que se encuentra en el interior del bolso. Gracias al diseño de los paneles, se pueden recargar con tan sólo estar sentado junto a una ventana o mientras se viaja en coche. Con dicha energía se puede alimentar tanto el teléfono móvil como un reproductor de MP3.

El resto de materiales que se utilizan en la confección de los bolsos son totalmente biodegradables y no dañan el medioambiente. Los fundadores de la marca tiñen a mano personalmente cada uno de ellos con productos naturales (son una de las pocas empresas de Estados Unidos que los utilizan en la producción a escala) y, para crear las texturas y motivos gráficos, usan el método japonés de teñido llamado *shibori*.

Jay Silver, Jodi Finch

web.media.mit.edu/~silver/ok2touch, 1derful.org

© Mikey Siegel

ok2touch

Touch, physical contact and interaction are an important part of life, but designers rarely take this into account when designing new objects. Jay Silver and Jodi Finch are among the few who do. This jacket incorporates human contact into its electrical system composed mainly of a 555 timer IC and a speaker, sewn with a steel conductive thread.

When a person touches any part of the sleeve of the person wearing the jacket the process is activated, which continues when they touch any part of your body that is not covered: contact with the skin activates the switch and enables people to compose music on the skin of another person.

El tacto, el contacto físico y la interacción son una parte importante de la vida, pero los diseñadores rara vez lo tienen en cuenta al concebir nuevos modelos. Jay Silver y Jodi Finch son de los pocos que sí, y de hecho esta chaqueta incorpora el contacto humano como elemento de su sistema eléctrico, compuesto principalmente por un circuito integrado 555 y un altavoz, cosidos con un hilo conductor de fibras metálicas.

El proceso se activa cuando una persona toca en algún punto de la manga a quien tiene puesta la chaqueta. Si después le toca en alguna parte de su cuerpo que no esté cubierta, el contacto con la piel funcionará como interruptor de encendido y permitirá que las personas puedan componer música en la piel del otro.

Max Schäth/
UdK Berlin_e-motion

www.design.udk-berlin.de/Modedesign/Emotion

Outsourcing

In his fifth semester of Industrial Design at the UdK, Max Schäth designed this jacket to create a garment that would reference feelings in an abstract way.

Human feelings come from an accumulation of sensations that are expressed through the senses, so they can be detected with the help of sensors. This jacket includes them in its hood and based on the information that they transmit, the geometry is modified. Although it does not represent any specific emotion, the transformation of the hood is a way to view any change in the feelings of the person. This is possible through the use of shape memory alloys (SMA), which allows the hood to change shape and then return to its original form.

En su quinto semestre de Diseño Industrial en la UdK, Max Schäth diseñó esta chaqueta con la intención de crear una prenda que expresara los sentimientos de una manera abstracta.

Los sentimientos humanos provienen de una acumulación de sensaciones que se manifiestan a través de los sentidos, por lo que se pueden captar con la ayuda de sensores. Esta chaqueta los integra en su capucha, que, en función de la información que transmiten, modifica su geometría. A pesar de que no se representa ninguna emoción en concreto, las transformaciones de la capucha son una manera de contemplar un cambio en el sentir de la persona. Esto es posible gracias al uso de aleaciones con memoria de forma (SMA) en la confección de la pieza, que permiten que cambie de forma y luego pueda volver a la original.

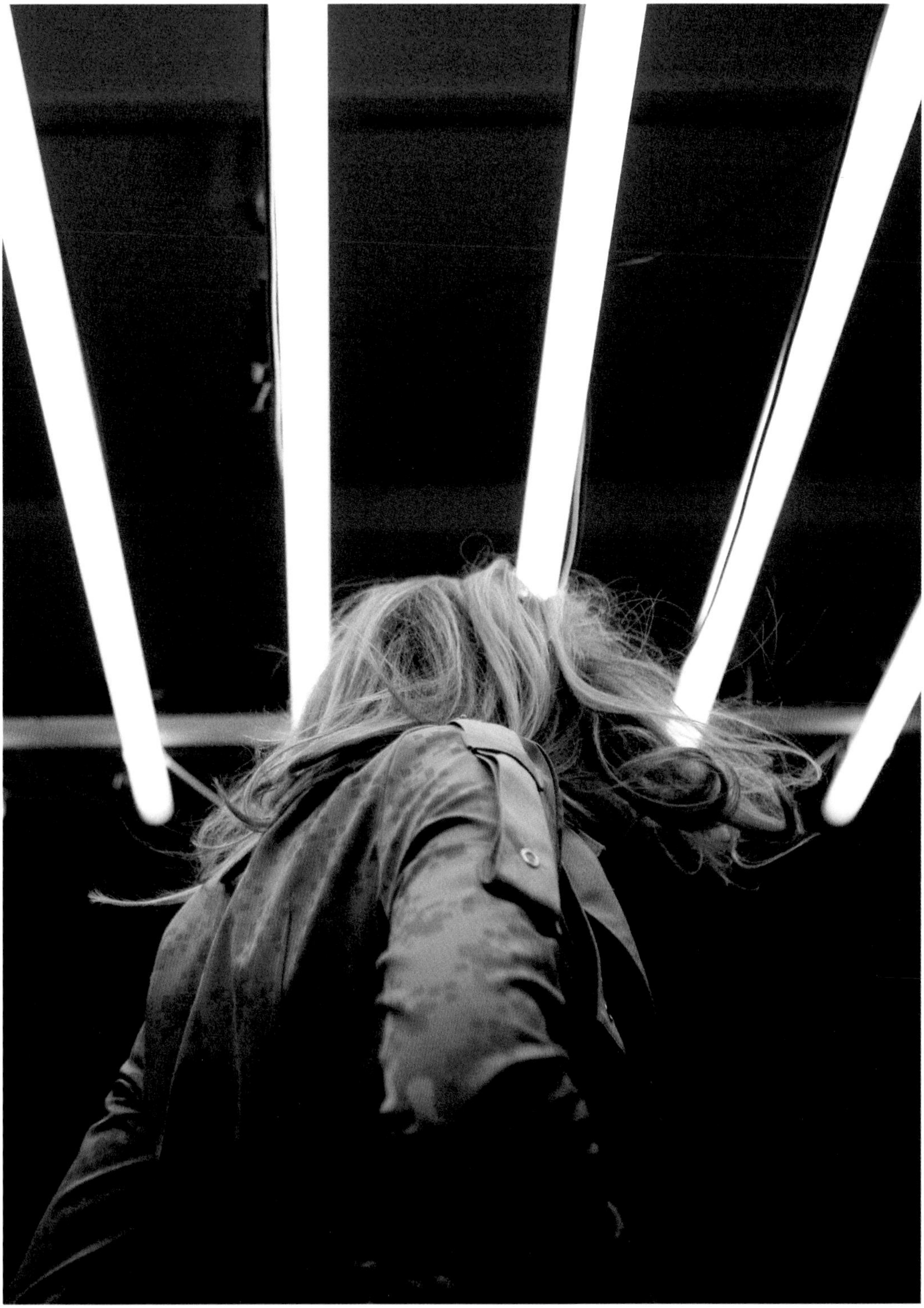

Robert Zeise/
UdK Berlin_e-motion

www.design.udk-berlin.de/Modedesign/Emotion

© Özgür Albayrak

Over_All

Over_All is a lighting installation consisting of two suits patterned with two different graphic motifs using two types of pigment: photochromic and glow-in-the-dark inks. When the suits interact the graphic motifs are activated, creating new temporary and changing motifs.

A LED infrared sensor is used embedded in the clothes, which informs the system about the wearer's actual position in the room. Depending on the position, different types of lights are activated that react differently to the two types of photosensitive ink, so the suits light up independently to create an optical illusion.

Over_All es una instalación lumínica que consiste en dos trajes estampados con dos motivos gráficos diferentes y que usan dos tipos de pigmentos: unos fotocromáticos y otros que brillan en la oscuridad. La instalación se completa cuando los trajes interactúan y los motivos gráficos van cambiando, creando nuevos dibujos efímeros y fugaces.

Funciona con un sensor infrarrojo de LED incorporado en las prendas que informa al sistema de la posición actual dentro de la habitación de la persona que lleva el traje. Dependiendo de ella, se activan diferentes tipos de luces que hacen reaccionar de manera distinta a los dos tipos de pigmentos fotosensibles, con lo que los trajes se iluminan de forma independiente y se consigue el juego óptico.

Valérie Lamontagne

www.valerielamontagne.com

Peau d'Âne (Sky Dress, Sun Dress & Moon Dress)

Inspired by the fairy tale *Donkey Skin* by Charles Perrault, the objective of this interesting project is to materialize somehow the three impossible dresses that feature in the story. The dresses have the unique and changeable characteristics of the sky, the moon and the sun. And these qualities must be adapted to the actual garments, which react according to their specific location, and can be used in a performance.

The three dresses have been developed using parallel technologies, represented by different materials. The Sky Dress has a structure and a movement based on direction and speed of the wind, the Moon Dress changes color according to the lunar cycle of 28 days and the Sun Dress displays different light patterns when the sun changes.

Inspirado en el cuento *Piel de Asno* de Charles Perrault, el objetivo de este interesante proyecto es materializar de alguna manera los tres vestidos imposibles que aparecen en la historia. Estos toman las características únicas y mutables del cielo, la luna y el sol, trasladan estas cualidades a las prendas en tiempo real y se accionan según su ubicación específica.

Los tres vestidos, que se pueden usar en alguna representación, se han desarrollado con tecnologías paralelas y diferentes materiales. El vestido Sky (cielo) tiene una estructura y un movimiento basado en la dirección y la velocidad del viento, el vestido Moon (luna) cambia de color según el ciclo lunar de 28 días y el vestido Sun (sol) despliega diferentes patrones lumínicos cuando cambia el sol.

Photos: © Courtesy of Valérie Lamontagne

Fotografía: © Cortesía de Valérie Lamontagne

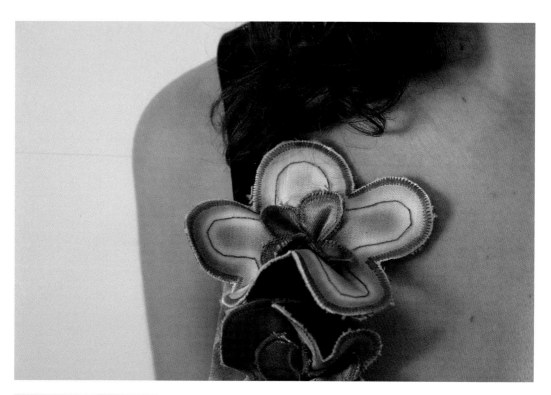

**Merlin Dunkel/
Udk Berlin_e-motion**

www.design.udk-berlin.de/Modedesign/Emotion

© Özgür Albayrak

Shift

Fashion is a medium. The style in which each person dresses is a reflection of their personality and they are constantly communicating it, even if this is not the intention. Merlin Dunkel is very aware of this fact and on this basis he decided to design a garment that, with the help of microelectronics, allows the garment to control this communication process.

The result is a black coat that, depending on the feelings and emotions of the wearer, changes color in some areas. Black thermochromic pigments are used in the outer layer of the jacket that turn transparent at a certain temperature, revealing the layers of the colored fabric beneath it.

La moda es un medio. La manera en que cada uno viste es un reflejo de su personalidad y está constantemente comunicándolo, aunque esa no sea su intención. Este último hecho es lo que llamó la atención de Merlin Dunkel y lo que motivó el diseño de esta prenda que, con la ayuda de la microelectrónica, permite controlar ese proceso de comunicación.

El resultado es una chaqueta totalmente negra que, dependiendo de los sentimientos y las emociones que generan las diferentes situaciones a las que se ve expuesto quien la está usando, deja ver colores en algunas zonas. Esto ocurre gracias al uso de pigmentos negros termocromáticos en la capa exterior de la chaqueta, que se tornan transparentes a cierta temperatura y muestran las capas de tela de colores que se encuentran por debajo.

Philips Design Probes team

www.design.philips.com/probes/projects/dresses/
index.page

SKIN: Dresses

Philips Design Probes is a dedicated far-future research initiative to track trends and developments that may ultimately evolve into mainstream issues that have a significant impact on business. One of the project areas is SKIN, which examines what the integration of sensitive materials in the area of emotional perception will be like in the future and researches whether or not it is possible to change "intelligent" products and technologies to "sensitive" products and technologies.

As part of SKIN, it has been developed this dress which has emotional technology in its structure. It shows how the body and the immediate environment can use the change of colors and patterns to interact and predict the emotional state of the wearer.

SKIN: Vestidos

Philips Design Probes es una iniciativa que se dedica a la investigación del futuro lejano para desarrollar tendencias que puedan convertirse en elementos de gusto generalizado que tengan un impacto significativo en el mercado. Una de las áreas de este proyecto es SKIN, que estudia cómo será en el futuro la integración de los materiales sensibles en el área de la percepción emocional e investiga si es posible que los productos y tecnologías «inteligentes» evolucionen y sean «sensibles».

Dentro de SKIN se ha desarrollado este vestido que incorpora tecnología emotiva en su estructura para mostrar cómo el cuerpo y el entorno más cercano pueden usar el cambio de patrones y colores para interactuar y predecir el estado emocional de la persona que lo está usando.

215

**Joanna Berzowska/
XS Labs, Di Mainstone**

xslabs.net/skorpions

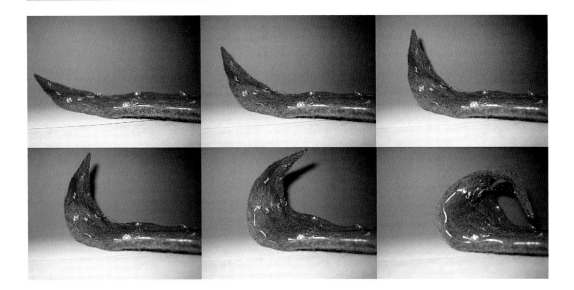

SKORPIONS

Referring to clothes that change your body to the extent that they dominate it—such as corsets and feet binding —SKORPIONS are a set of kinetic electronic garments that move and change on the body in slow and organic motions. They are not "interactive" artifacts insofar as their programming does not respond to simplistic sensor data. SKORPIONS integrate electronic fabrics, the shape-memory alloy Nitinol, mechanical actuators such as magnets, soft electronic circuits, and traditional textile construction techniques such as sculptural folds and drapes of fabric across the body. The cut of the pattern, the seams, and other construction details become an important component of engineering design.

Photos: Nico Stinghe (pp. 216, 218, 219), Joanna Berzowska (p. 217). © XS Labs.

La ropa que al modificar el cuerpo en cierta manera lo domina —como los corsés o los pies de loto— es el punto de partida de esta serie de prendas cinéticas electrónicas que se mueven y transforman de una manera lenta y orgánica. No se trata de artefactos del todo interactivos, ya que su programación no responde a la información transmitida por un sensor. En su mecanismo, SKORPIONS aúna técnicas tradicionales de la sastrería, como los pliegues o el drapeado sobre el cuerpo, con tejidos electrónicos, nitinol (un tipo de aleación con memoria de forma), accionadores mecánicos (como imanes) y circuitos electrónicos. Los detalles de confección de la prenda como el corte del patrón y las costuras se convierten aquí en componentes destacados de este diseño de ingeniería.

Fotografía: Nico Stinghe (pp. 216, 218 y 219), Joanna Berzowska (p. 217). © XS Labs.

Indarra.DTX

www.indarradtx.com

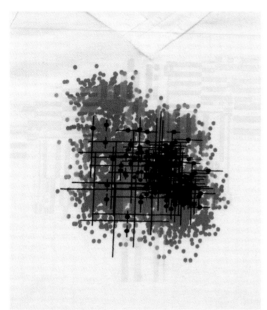 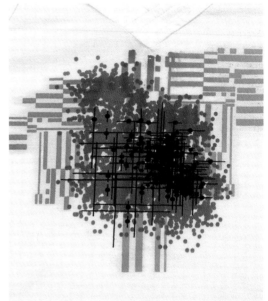

© Julieta Gayoso

Solar changing prints

Indarra.DTX offers the market a new line of clothing with different processes and applied technology that seeks to give a further twist to the functionality of the garments. This project has been based on the research and development of new textile materials, microelectronics integrated into clothing and the application of microencapsulated finishes in fabrics. All of this is combined with the use of natural materials that are renewable, biodegradable or recycled. They are clothes that "do things" and move to the rhythm of the planet.

The peculiarity of this T-shirt is the appearance of its print —in particular, its color—as it changes with variations of light and temperature. It also has antimicrobial, anti-allergic properties and offers protection against UV rays.

Estampados que cambian con la luz del sol

Indarra.DTX ofrece una nueva línea de ropa con tecnología y procesos aplicados diferenciados que busca dar una vuelta de tuerca más a la funcionalidad de las prendas. Para ello, se basa en la investigación y el desarrollo de nuevos materiales textiles, la microelectrónica integrada en la ropa y la aplicación de acabados microencapsulados en las telas, todo esto conjugado con el uso de materiales naturales que son reciclados o que proceden de fuentes renovables y biodegradables. En resumen, es ropa que «hace cosas» y evoluciona al ritmo del planeta.

Esta camiseta tiene como particularidad que el aspecto de su estampado —en concreto, su color— cambia con la variación de la luz y la temperatura, además de ser una prenda con propiedades antimicrobianas, antialérgicas y que bloquea los rayos UV.

221

Zegna Sport/Ermenegildo Zegna

www.zegna.com

Solar JKT

The future of outerwear is here: Solar JKT is the first luxury jacket that can charge a mobile phone, a MP3 player or any small appliance in an ecological, clean and environmentally-friendly manner using solar energy. The power cells are fitted into the neoprene collar turning sunlight directly into sustainable and renewable energy that is distributed by electronic textile cables to a rechargeable battery or directly to your phone or other device. This battery needs only four to five hours of sunlight to be fully charged and, as it is detachable—as is the neck with the solar panel—the devices can be recharged even when the jacket is not worn.

El futuro de las prendas de abrigo está aquí: Solar JKT es la primera chaqueta de lujo que puede alimentar de forma ecológica, limpia y respetuosa con el medio ambiente un teléfono móvil, un reproductor de música o cualquier aparato de pequeñas dimensiones aprovechando la energía solar. Con unas células solares que van engastadas en el cuello de neopreno, transforma directamente la luz solar en energía sostenible y renovable que se conduce por unos cables textiles electrónicos y llega a una batería acumuladora o directamente al teléfono u otro dispositivo. Dicha batería sólo necesita entre cuatro y cinco horas de sol para cargarse y, al ser desmontable –igual que el cuello con el panel solar–, los aparatos se pueden recargar incluso cuando no se viste la chaqueta.

**Elena Corchero/
Distance Lab**

www.lostvalues.com

© 2007 Lost Values Ltd.

Solar Vintage

The majority of the clothing with integrated technology is aimed at the sports world or men. This designer wanted to move away from this stereotype and developed this collection of fashion accessories that explores in a delicate and feminine way the incorporation of solar cells in fabrics, combining technology with tradition. The resistors, solar panels and LEDs are inserted directly into old hand-embroidered fabric and sewn together with conductive threads, which allow the electric circuits to work. For example, the fan and the parasol, when used outdoors during the day charge their battery with solar energy, and at night can be used as decorative lamps that provide a nice ambient light without the need to waste electricity.

Gran parte de la ropa con tecnología integrada está pensada para el mundo del deporte o el público masculino. Esta diseñadora quiso alejarse de eso y desarrolló esta colección de complementos de moda que explora una manera delicada y femenina de incorporar células solares en tejidos, combinando tecnología con tradición. Las resistencias, los paneles solares y los LED se integran en antiguas telas bordadas a mano y se cosen con hilos conductores que permiten que los circuitos electrónicos funcionen. Es así como el abanico y la sombrilla, al usarse en el exterior durante el día, cargan su batería con energía solar, con lo que luego por la noche se pueden usar como lámparas decorativas que dan una bonita luz de ambiente sin necesidad de enchufarlas a la corriente.

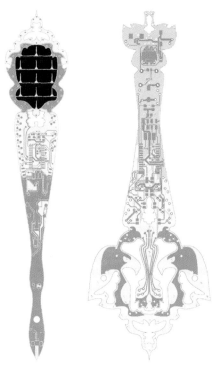

Teresa Almeida

www.banhomaria.net

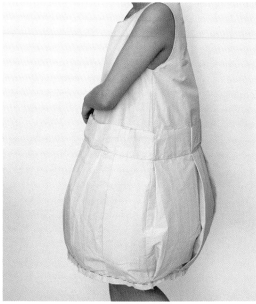

© Maria Mayer Feng

Space Dress

Modes for Urban Moods are a suite of wearable coping mechanisms which explore relationships in public spaces and materialize invisible social networks. This is a dress that inflates in specific situations according to its user's decision creating a small ball around the wearer. It is designed to cope with stress, moments of anxiety and claustrophobic situations—or simply for comfort. In fact it was designed for rush hour in New York subways, which combines an aspect of all these factors.

It is made with ripstop nylon, and an electrical system consisting of a small board with a switch that activates micro-ventilators.

Modes for Urban Moods (modas para estados de ánimo urbanos) es una serie de prendas con mecanismos de defensa incorporados que ahonda en las relaciones en los espacios públicos y materializa redes sociales invisibles. Este vestido es parte de dicha colección y su particularidad es que quien lo lleva puede decidir cuándo inflarlo para crear una pequeña bola a su alrededor. Aunque también se puede desplegar sólo por comodidad, el vestido está diseñado para lidiar con el estrés, la ansiedad y otras situaciones claustrofóbicas; de hecho, está pensado para la hora punta del metro de Nueva York, que combina un poco todos esos factores.

Está confeccionado con un nailon antidesgarro, y el sistema eléctrico se compone de una pequeña placa base con un interruptor que activa unos microventiladores.

**Leonardo Bonanni, Cati Vaucelle,
Orit Zuckerman, Jeff Lieberman**

leo.media.mit.edu

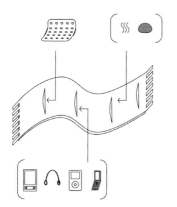

TapTap

TapTap is a garment with touch technology that enables the transmission of asynchronously distributed tactile information to emit warmth and care. It is designed as a custom-made comfort garment for use in emotional therapy, between a mother and son or a therapist and patient.

The current prototype is a scarf with large pockets with a power supply to which specific modules are connected. It can be used as an ordinary scarf (with the pockets empty) and in therapeutic use the wearer can distribute the modules however they like. It is made of two layers of felt: the exterior layer is impersonal and gray, and the interior, where the pockets and modules are, is strong pink.

TapTap es un instrumento tecnológico que permite que las transmisiones de información táctil distribuidas asincrónicamente emitan afecto y cuidados. Está pensado como una cómoda prenda personalizada que se puede emplear en la terapia emocional entre una madre y su hijo o entre un terapeuta y su paciente.

El prototipo actual es una bufanda con amplios bolsillos y una fuente de alimentación a la que se conectan unos accionadores específicos. Este diseño permite que se pueda llevar como una bufanda normal y corriente (con los bolsillos vacíos) y que en su uso terapéutico el usuario pueda distribuir los accionadores como prefiera. Está compuesta de dos capas de fieltro: la parte exterior es gris, impersonal, y la interior, donde se encuentran los bolsillos y accionadores, es rosa fuerte.

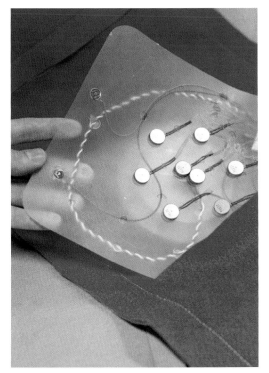
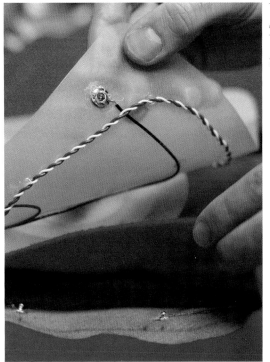

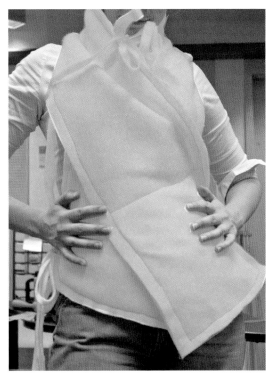

Indarra.DTX

www.indarradtx.com

© Julieta Gayoso

Touchpad Jacket

The touchpad is a touch device that allows you to control a cursor or scroll through menus. This jacket contains touch-sensitive smart fabric, so you can skip through songs in your music player, for example, by touching the sleeve. The manufacturers have not only been concerned about incorporating cutting-edge technology, but they have also studied the properties of the fabric: it has a waterproof finish—the surface of treated fabric has been treated by polymerization—and with a thickness of only 2 mm, it feels like 400 g of quality feather. This is achieved with compressible hyper-fine microfibers, a greater number of fibers per area generates a larger air chamber to better retain body heat.

Chaqueta Touchpad

El *touchpad* es un dispositivo táctil que permite controlar un cursor y navegar a través de menús. En esta chaqueta, ese elemento es un tejido inteligente sensible al tacto, por lo que se pueden adelantar las canciones del reproductor de música, por ejemplo, sólo con tocar la manga. Los fabricantes no sólo se han preocupado por incorporar tecnología puntera, sino que también han estudiado las propiedades de la tela: tiene un acabado impermeabilizante (realizado mediante una polimerización permanente de la superficie del hilo tratado) y con sólo 2 mm de espesor, abriga como si fueran 400 g de pluma de calidad. Esto se consigue con microfibras hiperdelgadas comprimibles al límite; un mayor número de fibras por espacio genera más cámara de aire para retener mejor el calor del cuerpo.

Barbara Layne/Studio subTela, Hexagram-Concordia, Janis Jefferies/The Digital Studios, Goldsmiths University

subtela.hexagram.ca

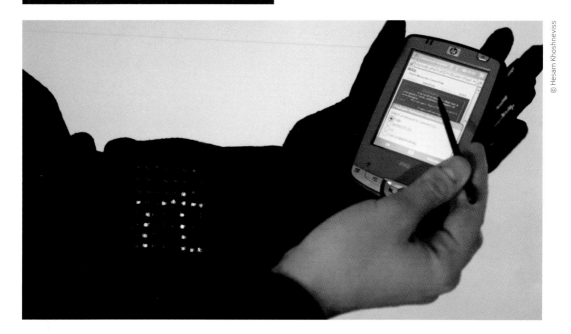

Wearable Absence

This project consists of a series of dynamic garments incorporating wireless technologies and bioreceptor devices, from which files relating to "absent" people can be obtained and played from a large database of images and sounds.

The devices chosen for the garments are a unit for measuring galvanic skin response, pulse oximetry sensors, respiration monitors and thermometers. From this information and according to predetermined criteria, multimedia files are selected that are downloaded automatically to the devices of the garments. Playing them may cause an unexpected aesthetic reaction or give the person exactly what they need in response to their physical condition at the time.

Este proyecto consiste en una serie de prendas dinámicas que incorporan tecnologías inalámbricas y dispositivos bioreceptores, con lo que se pueden obtener y reproducir archivos correspondientes a personas «ausentes» de una gran base de datos de imágenes y sonidos.

Los dispositivos escogidos para las prendas son una unidad para medir la respuesta galvánica de la piel, sensores de la oximetría de pulso, medidores de la respiración y termómetros. A partir de esta información, y siguiendo unos criterios predeterminados, se seleccionan los archivos multimedia que se descargan automáticamente en los dispositivos de las prendas. Reproducirlos puede provocar una reacción estética inesperada o darle a la persona exactamente lo que necesita como respuesta a su estado físico del momento.

Elena Corchero/
MIT Media Lab Europe

www.lostvalues.com

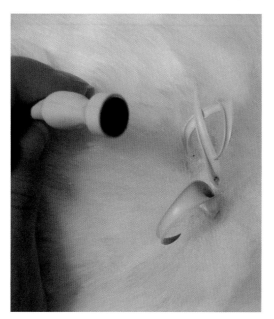

whiSpiral

Gifts and keepsakes allow us to remember friends and loved ones when we travel or move to far away places. WhiSpiral is one of these objects, although slightly different: it uses technology as a way to evoke these memories.

WhiSpiral is a spiral-shaped shawl that consists of a circuit made up of 9 miniature audio recording modules. The locations of the modules are made visible by exposing some of their electronic components on the exterior of the shawl, covered by a protective material resembling three white leaves and a yellow shoot that indicates the microphone connector. These messages up to ten seconds long can be recorded and then whispered back when you wrap the shawl around yourself or by caressing different parts of the fabric.

Los regalos y recuerdos son una manera de tener cerca a los amigos y seres queridos cuando estamos lejos de ellos. WhiSpiral es uno de esos objetos, aunque un poco diferente: emplea la tecnología como medio para aumentar la evocación de momentos.

En la propia tela de este chal en forma de espiral se ha distribuido un circuito formado por nueve grabadores de audio en miniatura. Para saber dónde se encuentran, se ha dejado parte de sus componentes electrónicos a la vista, cubiertos por un material protector en forma de tres hojas blancas y un brote amarillo que señala el conector para el micrófono. Se pueden grabar mensajes de hasta diez segundos que se susurrarán cada vez que alguien se envuelva en el chal o acaricie diferentes partes de la tela.

Bruce Hunter Thomas
Director of Wearable Computer Lab and deputy
director of ACRC at the University of South Australia.
Director de Wearable Computer Lab y director adjunto
del ACRC de la Universidad de South Australia.

Professor Thomas has gained a lot of experience in the computer area since he started working at the School of Computer and Information Science, University of South Australia in 1990. He has run his own computer consultancy company, worked for the National Institute of Standards and Technology—a major US government laboratory for the Department of Commerce—, and has even invented the first outdoor augmented reality game *ARQuake*. His current research interests include wearable computers, user interfaces, augmented reality, virtual reality, CSCW, and tabletop display interfaces.

Why and when did you create Wearable Computer Lab? What was the main necessity?

The WCL started in 1996 with a military research project investigating the usability of different text entry devices. We quickly moved onto wearable augmented reality investigations. Our work with garment integrated technologies was pioneered by Dr. Aaron Toney (a PhD student then), when he came to the lab in the late 90s.

Which areas can wearable computers be applied to?

We like to look at areas that make peoples lives easier, whether this is at home for say entertainment or on a factory floor. In the context of people on the move, we investigate questions such as "what is the easiest way to interact with virtual data?" and "what is the most effective way of presenting data to a mobile user?"

What do you think is the future of wearable computers?

The big future of wearable computers is coming with enhanced processor and graphics capabilities for mobile phones. Imagine having your notebook computer in your pocket, but how would you interact with it. Using SMS style interfaces would just not work. I see easy to exploit user interfaces integrated into clothing a key feature of wide spread wearable computer usage. You just have to make sure you do not make people look like geeks.

How far have you developed wearable computers? Are they in the state of ready-to-wear? (Will they ever be?)

Currently all our computers are in the prototype state. We develop the technology to be commercialized, and we are actively seeking industry partners to bring these ideas to market.

What do you like the most about working here?

I love the challenge and the fact the research is fun. I also gain real pleasure when working with other scientists and students. The work from the Wearable Computer Lab is a team effort, and this is our real strength.

El profesor Thomas ha adquirido mucha experiencia en el ámbito de la informática desde que en 1990 empezara a trabajar en la Escuela de Computación e Informática de la Universidad de South Australia. Ha dirigido su propia empresa de consultoría informática, ha trabajado para el Instituto de Normas y Tecnología —un importante laboratorio del ministerio de Comercio estadounidense— e incluso ha inventado el primer juego de realidad aumentada para exteriores, *ARQuake*. Entre sus intereses de investigación se incluyen los ordenadores «vestibles», las interfaces de usuario, la realidad aumentada, la realidad virtual, el trabajo cooperativo asistido por ordenador (CSCW, por sus siglas en inglés) y las interfaces de presentación de mesa.

¿Por qué y cuándo creó Wearable Computer Lab? ¿Cuál era la principal necesidad?

WCL comenzó en 1996 a partir de un proyecto de investigación militar que estudiaba la posibilidad de uso de diferentes dispositivos de introducción de texto. Enseguida pasamos a investigar la realidad aumentada «vestible». Nuestro trabajo sobre las tecnologías integradas en las prendas fue promovido por el doctor Aaron Toney (entonces estudiante de doctorado), cuando se incorporó al laboratorio a finales de los noventa.

¿En qué ámbitos aplican los ordenadores «vestibles»?

Nos gustaría trabajar en ámbitos que hicieran más fácil la vida de las personas, ya sea en casa, para los momentos de ocio o en una fábrica. En el ámbito de la movilidad de las personas, investigamos asuntos como la forma más fácil de interactuar con datos virtuales y la manera más eficaz de presentar información a un usuario de móvil.

¿Cuál cree que es el futuro de los ordenadores «vestibles»?

El gran futuro de los ordenadores «vestibles» es mejorar su procesador y las capacidades gráficas de los teléfonos móviles. Imagínese que lleva el ordenador portátil en el bolsillo: ¿cómo interactuaría con él? El uso de interfaces de tipo SMS no funcionaría. Creo que es fácil explotar las interfaces de usuario integradas en la ropa, una característica esencial del uso generalizado de informática «vestible». Tan sólo hay que asegurarse de que las personas no parezcan unos locos de la informática.

¿En qué fase del desarrollo de los ordenadores «vestibles» se encuentra? ¿Están listos para poder llevarlos? (¿Lo estarán alguna vez?)

En la actualidad nuestros ordenadores están en la fase de prototipo. Desarrollamos la tecnología para que se comercialice y buscamos activamente colaboradores del sector que se encarguen de introducir estas ideas en el mercado.

¿Qué es lo que más le gusta de trabajar aquí?

Me encanta el reto que supone la investigación y me divierte. También me gusta trabajar con otros científicos y estudiantes. En el Wearable Computer Lab hacemos un trabajo de equipo y ése es uno de nuestros puntos fuertes.